上博楚簡與先秦思想

淺野裕一　著

佐藤將之　監譯

謝　辭

國立清華大學《清華學報》
武漢大學簡帛研究中心「簡帛網」

筆者謹對以上的單位
許可將這些文章收入於本書
表達衷心的謝意

目　次

自　序

　　日本學界圍繞新出土資料的研究狀況，與中國、台灣、歐美等地大相逕庭。特別是 1993 年郭店楚簡發現以來，其區別尤始突出。銀雀山漢簡和馬王堆帛書的出土，也帶來了對某些文獻是先秦古書還是秦漢以後所作的議論，造成了重大的影響。可是，由於兩者都是從西漢墓中出土的，所以並未能成爲解決論爭的決定性證據。不過，由於戰國楚簡是從戰國中期的楚墓中出土的，因此，它具有能夠解決是先秦還是秦漢以後之議論的性質。

　　爲此，唯恐以往憑疑古手法構築起來的定論會被戰國楚簡的發現推翻的人們，或假裝沉默不語，或說戰國楚簡是被甚麽人僞造出來的。筆者聽說京都大學和廣島大學等持有僞作說的觀點。這是日本學界具有特色的第一種觀點。

　　不過，抱持僞作說的學者，決不公開發言或寫文章公開發表。僞作說主要在大學校內被封閉的空間裏，祇作爲同事之間的私下談論。他們一概不言及戰國楚簡的存在，而停留在以繼續無視的姿態，間接表示自己否定態度的層面上。因此，僞作說的具體內容，從外部則很難把握其詳情，現在亦連是否維持著其觀點也不清楚。

　　日本學界上第二種具有特色的觀點，是把戰國楚簡的年代拉晚到從戰國末到大約漢初左右爲止的觀點。池田知久先生在《馬王堆漢墓帛書五行篇研究》（東京：汲古書院，1993 年）中指出了①《五行》的「經」和「說」，是在同一時期，由同一個人物乃至同一個學派一起撰寫的、②《五行》的成書年代是西漢高祖期乃至惠帝期、

③《五行》的作者是折衷了孟子學派和荀子學派思想的漢初折衷學派、④《五行》的著作意圖，在於爲了響應漢初的時代要求，而提出新興的士大夫形象上。

可是，由於1993年郭店楚簡的發現，其結論被全盤推翻了。那是因爲郭店楚簡中，包含著僅止以經的形式單行的《五行》。戰國中期的公元前300年左右的寫本郭店楚簡中，既然存在有《五行》，那麼，就不得不說《五行》在戰國前期就業已成書了。從而，便確定了上述①～④的結論，完全就是謬誤。

池田先生承續這種事態，於〈郭店楚簡《五行》の研究〉（收入於《郭店楚簡の思想史的研究》第二卷，東京大學郭店楚簡研究會，1999年）中，將《五行》的成書年代改爲從戰國後期到西漢初期之際，還將郭店一號楚墓的下葬年代拉晚作爲手段，企圖維持、延長自己學說的壽命。這就是在日本學界中產生拉晚說的唯一原因。

這樣的拉晚說，是由於池田先生個人的情況而發生的特殊的觀點。而且，由於郭店楚簡中能看出荀子或荀子後學的影響；因此，將郭店楚墓的下葬年代認定爲戰國末期的主張，在國際上是完全不能通用的謬見。

起初池田先生或把王葆玹先生的見解（〈試論郭店楚簡的抄寫時間與莊子撰寫年代——兼論郭店與包山楚墓的時代問題〉，收入於《哲學研究》第4期，1999年）當作一個論據提了出來；或根據李承律先生〈郭店一號楚墓中所見到的中國「考古類型學」方法論上的諸問題和「白起拔郢」的問題〉（收入於《郭店楚簡の思想史的研究》第6卷，東京大學郭店楚簡研究會，2003年），使人們對郭店楚墓的下葬年代提出疑問；或以對中國方面沒有作使用碳素測定法的測定之事表明疑問的方法（氏著：〈前言〉，收入於《楚地出土資

料と中國古代文化》，東京：汲古書院，2002 年），試著證明拉晚說
的妥當性。從而，主張如果日本研究者繼續維持戰國中期說的觀點，
就會落後於世界。

　　但是最近，正如「於現今的學界，似乎認爲下葬時間爲公元前
300 年前後的見解最爲盛行」（《馬王堆出土文獻譯注叢書　老子》
〔東京：東方書店，2006 年〕）的說法，戰國中期說才是世界的大
趨勢。而拉晚說不得不承認自己孤立的狀況了。不過，日本國內仍
然存在贊同拉晚說的追隨者，尚保持著一定的影響力。

　　日本學界所存在的第三種觀點，正如世界總的趨勢那樣，將郭
店楚簡和上博楚簡看作是戰國中期的寫本。而筆者於 1998 年組織
的戰國楚簡研究會，就是立足於這個觀點之上的。到現在爲止，一
直以來戰國楚簡研究會出版了淺野裕一、湯淺邦弘編：《諸子百家
〈再發見〉——掘り起こされる古代中國思想》（東京：岩波書店，
2004 年）、淺野裕一編：《古代思想史と郭店楚簡》（東京：汲古書
院，2005 年）、《竹簡が語る古代中國思想－上博楚簡研究》（東京：
汲古書院，2005 年）、湯淺邦弘編：《上博楚簡研究》（東京：汲古
書院，2007 年）、淺野裕一編：《竹簡が語る古代中國思想（二）—
—上博楚簡研究》（東京：汲古書院，2008 年）等書，對外發表了
研究成果。本研究會的立場，是承接新出土資料的發現，欲帶給以
往的先秦思想史研究更廣泛的新變化。

　　同時，戰國楚簡研究會，亦積極從事以中文發表研究成果。淺
野裕一著、佐藤將之監譯：《戰國楚簡研究》（台北：萬卷樓，出土
文獻譯注研析叢書，2004 年）、福田哲之著，佐藤將之、王綉雯合
譯：《中國出土古文獻與戰國文字之研究》（台北：萬卷樓，出土文
獻譯注研析叢書，2005 年）、湯淺邦弘著，佐藤將之監譯：《戰國楚

簡與秦簡之思想史研究》（台北：萬卷樓，出土文獻譯注研析叢書，
2006 年）等著作便是。

　　本書出版之際，也同前一部著作一樣，請台灣大學佐藤將之先
生作監譯工作。佐藤先生與筆者一樣，專業是先秦思想史，而且還
精通出土資料的研究，所以讓筆者相當地放心。對提供翻譯初稿的
國立台灣師範大學國際漢學研究所藤井倫明教授、台灣大學博士候
選人安井伸介先生、日本京都大學博士生王綉雯女士諸位，再次表
示深深的謝意。還有，讓負責編輯工作的北海道大學博士生關村博
道先生受累了。並且，序文的翻譯托付於東北大學博士生張志香女
士，索引的製作則托付於東北大學碩士生鈴木謙介先生。在此同時
深感謝意。

　　最後，再次向每當筆者過訪台灣時給予幫助的諸位先生深致重
謝。隨著本書的出版，若能夠讓大家知曉日本也有進行出土資料研
究的研究者，筆者將深感到榮幸。

　　2008 年 8 月 10 日

　　　　　　　　　　戰國楚簡研究會代表　　淺野裕一　謹識

第一章

〈相邦之道〉的整體結構

一、〈相邦之道〉的釋文

　　上博楚簡〈相邦之道〉的殘存竹簡有四支，其中的三支殘缺不全，只有第 4 簡保有近乎完整的狀態。由第 4 簡的情形推定，原來的竹簡是簡長約 51 公分左右的長簡。殘存的文字數，包含合文 5、重文 1 在內，共 107 字。原本沒有篇名，整理者由其內容命名爲〈相邦之道〉。

　　至於竹簡之排列，從第 4 簡付有「墨鉤」且其下留白之點來看，此簡位於篇尾一事確實無疑；而其他三支竹簡之排列順序，則無確實證據。本論文對〈相邦之道〉的整體結構加以探討，在此之前先依循《上海博物館藏戰國楚竹書（四）》所收錄的張光裕先生之釋文與排列，以該形式將全文揭示如下：[1]

　　[1] 上海：上海古籍出版社，2004 年 12 月。爲了便於理解，原文之異體字盡可能改爲通行之字體。又，依據文意，將第 1 簡的「此」字解爲「比」字、第 3 簡「軍」字下面的文字「𠈃」解爲「徒」字。

〔1〕……先其欲，備其強，牧其惓。靜以待，寺＝（待時）出。故此（比）事＝（事使）出政＝（政，政）毋忘所治，□……。

〔2〕□□□□人，可謂相邦矣。」公曰：「敢問民事？」孔＝（孔子）……。

〔3〕……實官倉，百工勸於事，以實府庫。庶【民】勸於四肢之藝，以備軍徒……。

〔4〕者。孔＝（孔子）退，告子貢曰：「吾見於君，不問有邦之道，而問相邦之道。不亦欽乎？」子貢曰：「吾子之答也何如？」孔＝（孔子）曰：「女（如）訹（斯）乀。」

二、第 4 簡的分析

本章探討〈相邦之道〉採取何種整體結構之問題。第1簡、第2簡、第3簡這三支竹簡因為缺損得非常嚴重，稍後再予以探討；一開始先從幾乎保留完整狀態的第4簡來嘗試探討。

第4簡中因為記有「孔子退，告子貢曰」之語，可知在此之前是記載魯哀公與孔子在宮中問答的部分。哀公與孔子問答的主題，由孔子「吾見於君，不問有邦之道，而問相邦之道。不亦欽乎？」之言，可以推定是關於「相邦之道」的內容。

對於孔子這樣的發言，子貢問道：「吾子之答也何如？」也就是說，子貢問孔子，對於哀公何謂「相邦之道」的發問，孔子是如何回答的呢？如果依從張光裕先生的釋文，孔子就回答子貢說：「像這樣」（「如斯」）。[2]

---

[2] 將篇尾二字解為「如斯」之理由，張光裕先生說明如下：「『訹』，從言從鹵，鹵形與《說文》古文『西』近同，故字可隸作『訹』。『訹』，字書未見，

　　但是，因為子貢在哀公與孔子問答之時並未在場，所以即使孔子只回答：「像這樣」，還是無法理解孔子對哀公回話之內容。因此，以孔子「像這樣」的發言來結束全篇，在整體結構上來說是不太可能的。這樣看來，張光裕先生將「女䛑」解為「如斯」之隸定，就有重新思考的餘地。

　　那麼，篇尾的「女䛑」二字應該如何解釋呢？孔子對子貢回答僅以兩個字完結，可知孔子全然沒有詳加解說「相邦之道」之內容的意圖。因此，我們不得不假定孔子事實上是拒絕回答，保持不對應的態度。

　　若是如此，「女䛑」最有可能的意涵恐怕是「汝察（你好好想想！）」之類的發言。此二字中，將「女」解為「汝」之隸定，原本就無任何問題；剩下的就是「䛑」可否隸定為「察」的問題。

三、「䛑」與「察」

　　郭店楚簡中所記的「察」之字形，顯示為 𢾷、𢾷、𡞞、𧪺 的形態。[3] 另一方面，〈相邦之道〉中所記的「䛑」之字形，則為 𧪐。左偏旁為「言」這一點，兩者均相同。問題是右邊的字形，兩者差異甚大。不論是「𢾷」或「𡞞」，與「𧪐」在形體上顯然有異。如同張光裕先生所指出這一點，後者的右偏旁解釋為「西」（郭店楚

字既从言，應與語辭相關。『女䛑』，於此疑或讀為『如斯』。『西』，古音屬心紐脂部，『斯』為心紐支部，兩者音近可通。」（見於釋文頁 237）

　　[3] 引用之字形，根據張光裕主編：《郭店楚簡研究　第一卷文字編》（台北：藝文印書館，1999 年）。

簡之字形爲「」)是妥當的。因此,「旮」因爲字形相似而被誤寫爲「䛡」的可能性很低。

於是,做爲其他可能性而列入考慮的是,因爲發音相同而產生的假借。若將「䛡」視爲一個形聲文字,聲符「西」在古韻中的歸屬如何?段玉裁將「西聲」置於〈六書音均表〉中〈古十七部諧聲表〉第十三部(通常稱爲「文部」)。又在〈詩經韻分十七部表〉中,舉邶風、新臺兩章中的「洒」「浼」「殄」之押韻爲例,將「西聲」歸爲十三部,並進一步說明:「西聲在此部。禮記與巡韻,劉向九歎與紛韻。漢魏晉人多讀如下平一先之音。今入齊」。

另一方面,對於「祭」與「祭聲」之「察」,段玉裁將二者都歸屬於第十五部(通常稱爲「脂部」)。然後,針對第十三部與第十五部之關係,在〈六書音均表〉〈古十七部合用類分表〉〈弟十三部弟十四部與弟十五部同入說〉之中說:「弟十三部弟十四部與弟十五部合用最近」,強調其發音相近。

戴震將祭部自段玉裁之第十五部——脂部中獨立分出之後,王念孫、江有誥、章炳麟、黃侃等人繼承此說直至今日,但是段玉裁無法將祭部自第十五部(脂部)區別出來一事,本身就意味著「祭」「察」兩者發音之相近。若是如此,段玉裁在〈古十七部合用類分表〉中所說的第十三部與第十五部發音相近這一點,即使是在祭部獨立已成定論的現在,也可說並無改變。

至於聲母,「西」是中古齒頭音之心母,此點在上古也未改變。另一方面,「察」雖然在中古時是正齒音之初母,但是若依據黃侃之見,將中古之正齒音在上古視爲與齒頭音同類,此「察」在上古就成爲齒頭音之清母。於是,「西」與「察」因爲在齒頭音(舌尖摩擦音與破擦音)上都有相同的調音點,而且韻之發音也相近、類似,所以發生通用假借之情況有非常高的可能性。

如此一來可以想像得到，左偏旁都爲「言」的「察（詧）」與「詰」，因爲「西」與「察」之發音相近，有通用假借之關係。因此，問題中的「女詰」二字隸定爲「汝察」成爲可能。

四、〈相邦之道〉整體結構之宗旨

若是將問題中的兩個字隸定爲「汝察」，將孔子對子貢之回答解釋爲「你好好想想」的意思，是否就可以推測出〈相邦之道〉的整體結構是什麼樣貌呢？

從第4簡中孔子「吾見於君，不問有邦之道，而問相邦之道。不亦欽乎？」之言，可以推定篇首部分是「哀公召孔子而問相邦之道。孔子答曰……」之類的文句。

那麼，孔子回答的內容又是如何呢？第2簡之記述在判斷此事上很重要。第2簡「□□□□人，可謂相邦矣。公曰：『敢問民事？』孔=（孔子）……」之記述，顯示哀公從孔子處問出「相邦之道」後，接著詢問「民事」之內容。

被認爲記載孔子對哀公答話之內容的是第1簡與第3簡。其中，從「百工勸於事，以實府庫」的內容可知，第3簡確實是孔子關於「民事」之回答的一部分。因此，剩下的第1簡被認爲是孔子關於「相邦之道」之回答的一部分。於是，我們試著探討其內容。

> ……先其欲，備其強，牧其惓。靜以待，寺=（待時）出。故此（比）事=（事使）出政=（政，政）毋忘所治，□……[4]

---

[4] 《論語・子路》中有「子路問政。子曰：『先之勞之』請益。曰：『無倦。』」，將「先」、「勞」、「無倦」當成爲政的要點，此與第1簡之內容很相似。〈相邦

殘存部分的開頭三句，同樣都有「A 其 B」的句型，而「其」被認為是指「民」。巧妙地引導人民的欲望，設法使人民精進努力於生計，消解人民的倦怠。一邊這樣鼓舞推動，一邊不慌不忙地等待時機，時機到來後就發佈政令。所以比較計量人民之事業，促使國君發出政令。政令不能忽視應受統治的人民……。

　　第 1 簡所記「相邦之道」的內容，大致推測如上。僅就殘存部分所見，「相邦」輔弼角色之任務，如同《論語・學而》「使民以時」般，似乎是將重點置於指導國君在何種時點上發佈政令之處。一如「故比事」，缺損部分可能有對於「民事」的談論，哀公接受後又以「敢問民事」再度詢問孔子。因此，接著對第 3 簡所記的「民事」之內容加以嘗試探討。

　　……實官倉，百工勸於事，以實府庫。庶【民】勸於四肢之藝，以備軍徒……。[5]

（農民努力於農事），政府的倉庫積滿穀糧；工人勤於製作，政府的倉庫或兵器庫堆滿器具或武器。百姓則自平日起就鍛鍊身體，以備承擔軍事訓練。第 3 簡殘存部分之意涵，大體上應是這樣。而包含「實官倉」在內的缺損部分，從其與百工相關之文句的對應關係來看，推測是「農夫勸於耕，以實官倉」之類的文句。因此，僅從殘

───────────────

之道〉的作者很可能是以這樣的文章為範本。

　　[5] 第 3 簡中兩度出現的「勸」，與《論語・為政》之「季康子問：『使民敬忠以勸，如之何？』子曰：『臨之以莊則敬。孝慈則忠。舉善而教不能則勸。』」是相同的用法。

存部分來判斷，「民事」之內容是農業上的穀糧之生產與積囤，工業上的器具、武器之製造與蓄積，以及透過鍛鍊身體以應兵役義務之準備。[6]

　　根據至目前為止的檢討結果，並且考慮到竹簡的殘存狀況，以此形式再次嘗試探討〈相邦之道〉的整體結構。

　　第 1 簡的上端與下端都有所缺損。殘存部分的長度為 24.8 公分，而殘存的文字數包含合文 2、重文 1 在內共 27 字。原本的簡長，由第 4 簡的狀況來看，約為 51 公分左右的長簡，可以判斷若是完整的竹簡，其上記有約 40 餘字至 50 字左右。因此，第 1 簡包含上、下端之缺損部分，應該還記載有約 20 餘字才是。

　　這 20 餘字之中，可以推定收有「哀公召孔子而問相邦之道。孔子答曰……」等開頭部分的 15、16 字，以及位於「先其欲」之上、「政毋忘所治……」之下，約 10 字左右對「相邦之道」加以說明的部分。

　　再者，第 2 簡因為上端缺損、下端完整，[7] 在「□□□人，可謂相邦矣」之上，記載有 30 餘字左右的文字。與「可謂相邦矣」連貫來看可知，這個部分顯然也是孔子說明「相邦之道」的回答部分。若是如此，第 1 簡中解說「相邦之道」的文字數──殘存部分的 27 字，加上推定部分的 10 餘字，合約 40 字左右；再與第 2 簡中推定部分的 30 餘字合計，共有 70 餘字，是孔子說明「相邦之道」的回答部分。

---

　　[6] 孔子談到軍備，說：「子貢問政。子曰：『足食。足兵。民信之矣。』」（〈顏淵〉）、「子曰：『善人教民七年，亦可以即戎矣。』」（〈子路〉）、「子曰：『以不教民戰，是謂棄之。』」（〈子路〉），此處也解釋為對民眾施以軍事訓練。

　　[7] 第 2 簡之下端完整，以合文的「孔₌（孔子）」結束。因此，第 3 簡之開頭為「答曰」的可能性很高。

　　雖然無法否定在第 1 簡與第 2 簡之間還存在一支佚失簡的可能性，但是如果考慮到一支竹簡是超過 50 公分的長簡這一點，不如說該可能性是很低的。如果假設有佚失簡之存在，上述的 70 餘字還要再加上 50 字左右，孔子的回答就成爲以 120 字至 130 字左右的篇幅完結。如果不假設有佚失簡，孔子的說明就以 70 餘字結束，這樣的想像也絕非不自然。

　　第 3 簡因爲殘存的文字數有 24 字，可以推定還記載有 20 餘字。[8]因爲第 2 簡的結尾文字是「孔子」，第 3 簡之開頭記有「答曰」之類文字的可能性很高。又，因爲第 4 簡之開頭爲「者。孔子退告子貢曰」，推定至第一字「者」爲止，是孔子說明「民事」的回答部分。

　　這樣看來，第 3 簡的篇幅幾乎全由孔子說明「民事」之回答部分所佔據。如此，設想孔子關於「民事」之回答，以近乎一支竹簡、約 50 字左右之篇幅完結，這樣的假設也非常可以成立。也有可能假設原本在第 3 簡與第 4 簡之間還有脫簡存在，若是那樣，還要再多加上 50 字左右，那麼孔子關於「民事」的回答部分就成爲以一百個字左右的篇幅結束了。

五、孔子與「相邦」

　　將篇尾的「女詧」二字隸定爲「如斯」之時，不得不假設在哀公與孔子的問答之前，存在孔子向子貢講解「相邦之道」的情景。但是，將「女詧」隸定爲「汝察」之時，就沒有這樣的必要。如果採取後者之立場來思考〈相邦之道〉的整體結構，全篇之論點推演如下：

---

[8] 第 3 簡殘存部分之長度爲 22.8 公分。

（1）哀公最初之詢問：召來孔子，詢問「相邦之道」的內容。

（2）孔子最初之回答：說明「相邦之道」之內容。

（3）哀公第二度之詢問：詢問「民事」之內容。

（4）孔子第二度之回答：說明「民事」之內容。

（5）孔子退出宮廷後與子貢之問答。

我們可以推斷〈相邦之道〉是將這個五階段的論點推演，記載於僅存的四支竹簡之上，或是再加上一或兩支竹簡而成為五或六支竹簡之上的文獻。[9]

那麼，接下來試著思考下列問題：孔子為何不想正面回答子貢的詢問，而是採取不回應呢？《論語》中，孔子以回答哀公或門人等詢問的形式，說明為政之理想面貌的記述頻繁地出現。

（1）哀公問曰：「何為則民服？」孔子對曰：「舉直錯諸枉，則民服；舉枉錯諸直，則民不服。」（〈為政〉）

（2）季康子問：「使民敬、忠以勸，如之何？」子曰：「臨之以莊則敬，孝慈則忠，舉善而教不能則勸。」（〈為政〉）

（3）子貢問政。子曰：「足食。足兵。民信之矣。」子貢曰：「必不得已而去，於斯三者何先？」曰：「去兵。」子貢曰：「必不得已而去，於斯二者何先？」曰：「去食。自古皆有死，民無信不立。」（〈顏淵〉）

---

[9] 〈相邦之道〉的整體結構，在基本結構（與哀公問答之後的孔子，退出宮廷後與子貢交互問答）上與〈魯邦大旱〉極為相似。關於〈魯邦大旱〉之整體結構，請參照拙論：〈〈魯邦大旱〉的「名」〉，以及〈〈魯邦大旱〉的「刑德」〉（收入於《戰國楚簡研究》，台北：萬卷樓，2004 年）頁 113～146。

（4）子路問政。子曰：「先之勞之」請益。曰：「無倦。」（〈子
　　路〉）

（5）定公問：「一言而可以興邦，有諸？」孔子對曰：「言不可以
　　若是，其幾也。人之言曰：『為君難，為臣不易。』如知為君
　　之難也，不幾乎一言而興邦乎。」曰：「一言而可以喪邦，有
　　諸？」孔子對曰：「言不可以若是，其幾也。人之言曰：「予
　　無樂乎為君，唯其言而樂莫予違也。」如其善而莫之違也，不
　　亦善乎？如不善而莫之違也，不幾乎一言而喪邦乎？」（〈子
　　路〉）

（6）顏淵問為邦。子曰：「行夏之時，乘殷之輅，服周之冕，樂則
　　韶舞，放鄭聲，遠佞人。鄭聲淫，佞人殆。」（〈衛靈公〉）

（7）子張問於孔子曰：「何如斯可以從政矣？」……（〈堯曰〉）

此外，還可以見到孔子未經任何人詢問，就自行陳述理想統治的例子。

（8）子曰：「道千乘之國：敬事而信，節用而愛人，使民以時。」
　　（〈學而〉）

（9）子曰：「道之以政，齊之以刑，民免而無恥：道之以德，齊之
　　以禮，有恥且格。」（〈為政〉）

一如在這些例子中所見，孔子對於國家統治顯現強烈的關心，並且
對於內心嚮往的為政之道，即便內容空泛也仍持一家之言，平日就
常常向門人們發表其說。

　　其中，有採取立於國君之觀點、提倡國君應該如何統治國家之
形式者，也有如下所示，採取立於輔弼國君之角色，亦即「相邦」
者之觀點而發者。

（10）子曰：「善人教民七年，亦可以即戎矣。」（〈子路〉）

（11）仲弓為季氏宰，問政。子曰：「先有司，赦小過，舉賢才。」
　　　曰：「焉知賢才而舉之？」曰：「舉爾所知。爾所不知，人
　　　其舍諸？」（〈子路〉）

（12）子路曰：「衛君待子而為政，子將奚先？」子曰：「必也正
　　　名乎！」……（〈子路〉）

（13）子路問事君。子曰：「勿欺也，而犯之。」（〈憲問〉）

（14）季氏將伐顓臾。冉有、季路見於孔子曰：「季氏將有事於顓
　　　臾。」孔子曰：「求！無乃爾是過與？……今由與求也，相
　　　夫子，遠人不服，而不能來也。邦分崩離析而不能守也。而
　　　謀動干戈於邦內。吾恐。季孫之憂，不在於顓臾，而在蕭牆
　　　之內也。（〈季氏〉）

因此，孔子常常講解「相邦之道」給門人們聽，如同前述的（3）所
見，子貢當然也聽聞了那些內容。〈相邦之道〉的作者也是以這樣的
狀況為前提來展開論點，所以採取了「孔子保持不回應的態度」之
結構安排：你應該從我平日的言論去察覺理解「傳授哀公的『相邦
之道』的內容」等。因此，現在當然不對你說明。

　　最後對於哀公不問「有邦之道」而問「相邦之道」的行為，試
著思考孔子為何稱讚說「不亦欽乎」之理由。如前所述，孔子不但
對於為政顯露出強烈的執著欲念，而且還說：「子曰：『苟有用我者，
期月而已可也，三年有成。』」（〈子路〉），或「如有用我者，吾其
為東周乎？」（〈陽貨〉），對於自己指導為政方策的能力也抱持著絕
大的自信心。

（15）冉子退朝。子曰：「何晏也？」對曰：「有政。」子曰．「其
　　　事也。如有政，雖不吾以，吾其與聞之。」（〈子路〉）

孔子認爲魯國如果有重大的政治懸案發生，朝廷一定會來找他商
量。孔子這樣的言談裡，流露出他做爲哀公之政治顧問的強烈自信
心。

（16）子禽問於子貢曰：「夫子至於是邦也，必聞其政。求之與？
　　　抑與之與？」子貢曰：「夫子溫、良、恭、儉、讓以得之。
　　　夫子之求之也，其諸異乎人之求之與！」（〈學而〉）

此處記述孔子在所到的國家中，都受到國君有關爲政的詢問，這樣
的實際成就也進一步加深了孔子認爲自己具有足以「相邦」之能力
的自信。
　　但是，就算這樣，孔子實際上並未在魯國獲得「相邦」的地位。
如同在前述的（15）中孔子自己說出「雖不吾以」般，孔子的立場
僅止於純粹毫無實權的政治顧問而已，即使常常回應諮詢而陳述種
種意見，卻毫無任何將之付諸實行的保證，並未超出極度缺乏實效
性的職務。

（17）陳成子弒簡公。孔子沐浴而朝，告於哀公曰：「陳恆弒其君，
　　　請討之。」公曰：「告夫三子！」孔子曰：「以吾從大夫之
　　　後，不敢不告也。君曰『告夫三子』者。」之三子告，不可。
　　　孔子曰：「以吾從大夫之後，不敢不告也。」（〈憲問〉）

孔子建議哀公，應該討伐弑殺齊君的陳成子。[10] 但是哀公只說要與掌握魯國實權的三桓子商量，並未正面接受孔子的建言。於是孔子向三桓子建言，果遭斷然回絕。即使孔子試著假裝自己也是躋身於大夫之列的重要人物，但是孔子的意見卻是無足輕重的。

原本孔子心中所謂「相邦」之概念，是如同「子曰：『管仲相桓公，霸諸侯，一匡天下』」（〈憲問〉）般，是輔佐桓公之管仲的立場，亦即經常擁有宰相權限的立場。然而，孔子終其一生終究都沒能獲得那樣的地位。一方面對於足以「相邦」的經世之才懷抱無限的自負心，對於為政顯露出近乎異常的執著意欲，另一方面卻如同「或謂孔子曰，子奚不為政」（〈為政〉）中被嘲弄般，從未能夠得到「相邦」的地位，遺憾之念因而繼續鬱積在孔子的心中吧。[11]

(18) 曰：「今之從政者何如？」子曰：「噫！斗筲之人，何足算也！」（〈子路〉）

在孔子貶抑「斗筲之人」，即當今從政者的發言中，表露出「我才正是應該擔當『相邦』之重任的人才，但是為什麼卻都是那些比我低劣甚多的人被登用為國政之要職呢？」的遺憾。

〈相邦之道〉的作者以孔子這樣的心情為基本背景而做出文章，而由此背景所設定的場景是，對於首度醒悟「相邦之道」重要性的哀公之言行，孔子向子貢吐露出「藉此自己的前途也獲得開展」之歡喜心情。

---

[10] 陳成子弑殺其君主簡公，是在哀公十四年（公元前 481 年）。
[11] 關於此點之詳情，請參照拙著：《孔子神話》（東京：岩波書店，1997 年）。

〈相邦之道〉在基本結構——孔子與哀公問答，退出朝廷後與子貢相問答——上，採取與〈魯邦大旱〉極爲相似的整體結構。兩者很可能是屬於相同作者所寫的一系列著作中的文獻。[12]

附記：本章在音韻學方面的考察，承蒙音韻學家東北大學研究所花登正宏教授惠予賜教，在此深致謝忱。

附記二：筆者在發表本文之後，根據《說文解字》的「訊」字之解說，得以隸定「𧧨」為「訊」之古文。因此，筆者茲將本論文中推斷為「汝察」之二字改為「汝訊」。不過，由於此句還係「你自己思考」之意的回答，而此解釋之內容與隸定為「汝察」一樣，因此不會影響到本文對〈相邦之道〉內容之解釋。

---

[12] 儒家文獻中，門人對於孔子的稱呼，一般都是「夫子」或「子」。但是在〈魯邦大旱〉中，「子貢曰：『否也。吾子若重其明歟……』」，子貢卻對著孔子稱呼「吾子」。而在〈相邦之道〉中，「子貢曰：『吾子之答也何如？』」，子貢也仍是稱孔子為「吾子」。這樣特殊的共同性也可補充證明兩者關係之相近。在〈相邦之道〉的殘存部分中，對魯國君主只有稱為「公」或「君」，無法判明具體所指的究竟是哪一位君主。但是，因為在〈魯邦大旱〉中「哀公謂孔子」是指哀公與孔子之問答，所以〈相邦之道〉的「公」與「君」，不妨也認為是指哀公。

第二章

〈曹沫之陳〉的兵學思想

一、〈曹沫之陳〉之文獻整理

〈曹沫之陳〉收錄於《上海博物館藏戰國楚竹書（四）》。〈曹沫之陳〉是佚失已久之兵法書，此篇所述的兵法，性質上與以《孫子》為宗的傳世兵法書有所不同。因此，本文將探討〈曹沫之陳〉兵法思想之特色。

〈曹沫之陳〉由完簡 20 支、綴合上半部和下半部的整簡 25 支、殘簡 20 支，共 65 支竹簡組成。然而，其中幾支整簡的綴合方式，尚有待商榷之處。竹簡的長度約為 47.5 公分，編綫有三道，上下端平齊。第 2 簡的背面載有〈曹沫之陳〉的篇名。

對此開始討論之前，在擔任竹簡整理與釋讀的李零先生之釋文和排列基礎上，另參酌筆者的私見修改。下面列舉全文，在每個段落上的號碼是依照竹簡的編聯狀況而附上。另外，由於〈曹沫之陳〉存有多數難以隸定、解釋之處，謹於每個段落中選出主要的部分，表達一些筆者的看法。

（一）魯莊公將為大鐘，型既成矣。曹沫入見曰：「昔周室之邦魯，
　　東西七百，南北五百，非（1）山非澤，亡有不民。今邦彌小
　　而鐘愈大。君其圖之。昔堯之饗舜也，飯於土簋，歡於土鉶，
　　（2）而撫有天下。此不貧於美而富於德歟。昔周□……（3）

曹沫進殿批評魯莊公，置當時受封於周王室的領土日見縮小的狀況
於不顧，仍舊沉溺於音樂而還想鑄造大鐘。為此，曹沫引用堯貫徹
儉約而得天下的例子，稱讚堯「貧於美而富於德」的做法，進而要
求莊公亦當節用。由於最後尚可見有「昔周□……」的部分，可能
在此之後又引述周文王和武王也實踐節用，由此打倒沉迷於奢侈的
殷紂王並得到天下的例子。

（二）……今天下之君子既可知己。執能并兼人（4）哉？」曹沫曰：
　　「君其毋惺，臣聞之曰：鄰邦之君明，則不可以不修政而善
　　於民。不然任亡焉。（5）鄰邦之君亡道，則亦不可以不修政
　　而善於民。不然亡以取之。」莊公曰：「昔池泊（施伯）語寡
　　人曰：『（6）君子得之失之，天命。』今異於爾言。」曹沫曰：
　　「【非】不同矣。臣是故不敢以古答。然而古亦（7）有大道
　　焉。必恭儉以得之，而驕泰以失之。君言亡以異於臣之言。
　　君弗盡。臣聞之曰：君（8）子以賢稱而失之，天命。以亡道
　　稱而沒身就死，亦天命。不然，君子以賢稱，曷有弗（9）得。
　　以亡道稱，曷有弗失。」莊公曰：「曼哉，吾聞此言。」乃命
　　毀鐘型而聽邦政。不晝（10）寢，不飲酒，不聽樂。居不設
　　席，食不二味，（11）……

第 3 簡和第 4 簡之間的脫簡，可能記載曹沫勸說莊公爲恢復被奪取的領土而向齊國揮軍的內容。莊公可能對他回答說，天下君子皆知齊國爲大國，魯國爲小國，所以無論如何，魯國都不可能奪回失地。第 4 簡的最後部分應該是不敢與齊開戰的莊公的一部分回答。

對此曹沫指出，假如鄰國君主英明，那就必須施善政鞏固國內，以免被鄰國併吞；即使鄰國君王愚昧，還是必須要施善政鞏固國內，否則即使鄰國之君主愚昧，也無法奪回領土。總之，曹沫試圖說服莊公的論點是無論如何，人爲的努力不可或缺，而只要著意於國內統治，恢復失地也是有可能的。然而，莊公引用將君子之得失視爲天命的臣下施伯之言，進而認爲自己失去領土亦是天命，依然對恢復失地之勸告持消極態度。

曹沫於是以如下的邏輯反駁：人世間存在著恭儉即得、傲慢而貪求安泰即失的因果律。倘若人世間的因果律不起作用，亦即被稱讚爲賢者而失，或被非難爲無道而不遭報應，那麼，既然超出人世間的規律，才不得不認爲那是天命介入的結果。如果這樣的天命不存在，而上述的因果律一定在人世間起作用，賢者就必得而無道者必失，可是現實上不一定會如此。那麼，莊公（失去領土）的例子可算是努力而被稱爲賢者，卻因爲天命而失的實例嗎？（意即，莊公並沒有努力而被稱爲賢者，所以不是能適用天命的事例）

在曹沫敘述的推論中，闡述努力必得回報的人世間因果律之部分，與墨家的非命說具有極爲相似的性質，[1] 如：「昔上世暴王，不忍其耳目之淫，心涂之辟，不順其親戚。遂以亡失國家，傾覆社稷。

---

[1] 關於墨家非命說的詳細說明，請參照拙著：《墨子》（東京：講談社學術文庫，1998 年 3 月）。

不知曰我罷不肖，為政不善，必曰吾命固失之。」（《墨子·非命上》）。

　　不過，曹沫的邏輯承認此因果律不一定會貫徹到底，而實際上有賢者失敗或無道者能避免失敗的實例，進而都將它歸納於天命的觀點。這種關於天命的觀點與〈窮達以時〉具有類似的性質，如：「有天有人，天人有分。察天人之分，而知所行矣。有其人，亡其世，雖賢弗行矣。苟有其世，何難之有哉。」、「遇不遇，天也」或「窮達以時」等。

　　只不過〈窮達以時〉的「天」係指時世、時勢之意，所以上天直接下命令的性格沒有突顯出來。[2] 與此相比，若考慮到（16）中的「吾戰敵不順於天命」，在曹沫的邏輯中，上天直接下命令的內涵較強，此點與〈窮達以時〉稍微不同。

　　無論如何，曹沫的論點兼備人為的努力必定導致好結果的人世間內部之因果律領域，和不能適用此因果律的天命領域，而這兩種領域並存的結構是古代思想史上未曾觀察到的特色，此內容頗值得加以注意。聽到曹沫觀點的莊公便反省自己考慮不足，此後克制午睡、飲酒、音樂和奢侈，開始勵精圖治。

　　附帶一提，在「不同矣」上面有一個缺字，筆者認為可從脈絡上推定為「非」字，於此補上。

　　（三）……兼愛萬民，而亡有私也。還年而問於曹（12）沫曰：「吾欲與齊戰。問陳奚如？守邊城奚如？」曹沫答曰：「臣聞之：

---

　　[2] 關於此點的詳細說明，請參照拙文：〈郭店楚簡『窮達以時』の「天人之分」について（郭店楚簡〈窮達以時〉中的「天人之分」）〉（收入於《集刊東洋學》第83號，2000年5月）中譯版請見淺野裕一著、佐藤將之監譯：《戰國楚簡研究》（台北：萬卷樓，2004年）第三章。

有固謀而亡固城（13），有克政而亡克陳。三代之陳皆存，或
以克，或以亡。且臣聞之：小邦處大邦之間，敵邦（14）

第 11 和第 12 簡的殘缺部分可能記載著勵精圖治的莊公之行止。第
12 簡的「兼愛萬民，而亡有私也」可能是其末尾部分。

　　曾經不敢向齊國發動復仇戰的莊公經過勵精圖治之後，終於下
決心對齊開戰，而問陣法和守城法於曹沫。至此得知，圍繞製作大
鐘的問答是爲了導出兩者對陣法的問答之引言。另外亦表示，以下
論述的陣法是以魯齊之戰爲前提的。

　　對於莊公的提問，曹沫回答說：先實施鞏固國內的政策比陣法
或守城法更爲重要。此外，「三代之陳皆存」的說法暗示名爲夏、商、
周三代陣法的兵書仍在當時流傳的可能性，這讓人頗感興趣。

（四）……其食足以食之，其兵足以利之，其城固（15）足以捍之。
　　　上下和且輯，繻紀於大國，大國親之，天下……（16）

在此論述鞏固國內並與大國建立友好關係的具體方針，但是由於殘
缺前後部分而不知竹簡原來的順序，所以整個文意也不明朗。

（五）交地不可以先作怨。疆地毋先而必取□焉。所以距邊。毋愛
　　　貨資子女，以事其（17）便嬖，所以距內。城郭必修，繕甲
　　　利兵，必有戰心以守，所以為長也。且臣之聞之：不和（18）
　　　於邦，不可以出豫。不和於豫，不可以出陳。不和於陳，不
　　　可以戰。是故夫陳者，三教之（19）末。君必不已，則由其
　　　本乎？」莊公曰：「為和於邦如之何？」曹沫答曰：「毋獲民

時，毋奪民利（20）。申功而食，刑罰有皋，而賞爵有德。凡
畜羣臣，貴賤同待，祿毋負。《詩》於有之曰：『豈（21）弟
君子，民之父母。』此所以為和於邦。」莊公曰：「為和於豫
如何？」曹沫曰：「三軍出，君自率（22），必聚羣有司而告
之：『二三子勉之，過不在子在【君】。』期會之不難，所以
為和於豫。」莊公又問（23）：「為和於陳如何？」答曰：「車
閒容伍，伍閒容兵，貴有常。凡貴人思處前位一行，後則見
亡。進（24）必有二將軍。無將軍必有數獄大夫，無裨大夫
必有數大官之師、公孫公子。凡有司率長（25），伍之閒必有
公孫公子。是謂軍紀。五人以伍，萬人（26）【以軍】……

「交地」應該係指位在兩個國家勢力的交叉點，而常改變所屬國家
之土地。曹沫認為，由於此處對自己的態度不明，不能先攻擊此地
之人，以免引起怨恨之心。《孫子‧九地》的「我可以往，彼可以來
者，為交地」和「交地則無絕」也出現「交地」一詞。不過，《孫子》
所預設的是經過許多第三國領土的長距離之進軍，所以與〈曹沫之
陳〉的「交地」意思應該不同。「疆地」是鄰國支配的邊境土地，所
以還是不能先發動攻擊，而必須先討當地居民的歡心。[3]

　　竹簡中提到，交地和疆地，是「所以距邊」。「邊」是可能指鄰
接於魯國的齊國邊陲地區，應是曾經屬於魯國的土地。「距」是隔離、
分割的意思。因此「所以距邊」可能是指，將曾經為魯國領土而後
來被齊國奪取的邊陲地區，對其進行從齊國的支配中隔離、分割的
政策。

---

[3]　「疆地毋先必取□焉」的缺字可能是居民之意。

「所以距內」則是對於齊國朝廷內部進行離間策略，由行賄齊國寵臣進而收買他們，使他們進行有利於魯國的言論或行動。因此，無論「邊」還是「內」，起點都在齊國。

「所以為長」應該係指防備會遭受齊國侵害的國境地區之政策。這裡的「長」自是在與（13）中所見的「毋長於父兄」的「長」字屬於同樣的用法，係「凌駕」或「壓倒」的意思。亦即，它意味著整備城郭、裝甲、兵器等，維持旺盛的鬥志而防守是「凌駕」、「壓倒」敵人攻擊的策略。

接下來，（5）表示「邦→豫→陳→戰」的四個階段。「豫」係從國內各地召集或動員而聚集、以行軍隊形向戰場移動的軍隊之意。在此階段，其軍隊尚未分組成戰鬥隊形，仍處於會戰之前的預備狀態。「陳」則是在臨戰時所編制的戰鬥隊形，指將原本是縱隊的行軍隊形左右展開，而按照戰鬥順序重新編制成前、中、後三區塊的布陣。

聽到此之後，莊公詢問「為和於邦」的政策。對此曹沫表示的政策是，不可將收穫期誤判為動員民眾的時期、不可奪取居民勞作而得的利益、查清功勞而予報償、賞罰公平、封爵和俸祿不可吝嗇、不分貴賤地適用同一標準的待遇、避免功勞大而俸祿少，即國君負債於臣的狀態。

莊公接著問「為和於豫」的方策。對此曹沫揭示的方法是：國君需親自站在前線指揮軍隊，親自號令聚集在都城的軍隊，並且承認所有責任都由國君一人負起，而國君絕不推諉責任於諸將，進而鼓舞士氣。亦即，國君受到信賴，而將從各地召集的部隊在期限內聚集於都城，此即是「為和於豫」的手段。這種主張反映出當時為了動員大量民眾，提高民眾的鬥志是重要課題的情況。因為當時的

會戰一般是兩軍對峙後以正面交戰的方式，所以與《孫子》所述不同，不能靠「勢」或詭計來提高鬥志。相形之下，在此曹沫所強調的有效方式就是御駕親征。

再來，莊公問「為和於陳」的手段。對此曹沫提出平常該遵守的陣形：將數輛戰車組織爲車列，在車列與車列之間佈置步兵，將弓弩、戈戟等兵器分配給每個步兵部隊。將戰車與步兵交替佈置而橫向展開的戰鬥隊形（行）排列成前、中、後三行，而貴族必須乘上最前面的車列當作先鋒。這是爲了提振民眾的士氣。

他認爲，突擊時最好是由卿大夫的左右兩將軍站在前線指揮軍隊。[4] 倘若將軍年邁或生病而不能指揮，此時最好更改爲數名獄大夫指揮，獄大夫不能指揮的時候則由裨大夫擔任，若裨大夫也不能指揮時，則由數位大官之師（衙府內的長官）或公孫、公子指揮較佳。[5] 如此強調貴族應該率先站在前線指揮軍隊爲〈曹沫之陳〉的特色，而它主張必須將公孫或公子作爲有司或率長分配到伴隨的步兵部隊中。曹沫將此稱爲「軍紀」（軍隊的綱目）並且主張統治者階層率先當指揮官，以此提高且凝聚民眾的士氣，此爲「為和於陳」的手段。

另外，第26簡表示「五人→伍」以及「萬人→軍」的編制單位。

---

[4] 由下面接的稱呼判斷，此「將軍」為常設的官職名之可能性很低，我認為此應係指「卿」身分的爵名。這樣的用例亦可見於先秦文獻，如：「晉有六將軍」（《墨子‧非攻中》）「吳王問孫子曰：『六將軍分守六國之地。』」（《孫子兵法‧吳問》）。

[5] 「數獄大夫」的「數」可能意味著數個人。「獄大夫」是大夫當中特別掌管維持軍律之稱呼，而「獄」是表示工作種類之名稱，大夫是表示身分之爵名。「裨大夫」可能是指大夫中身分最低的副官階級的爵名。「數大官之師」的「數」還是意味著數個人，而「大官」可能指公署，「師」可能指公署長的稱呼。

由此可見，魯國是以「伍」爲基本單位來編制軍隊，而與揭示「伍→卒→旅→軍」的編制單位之《孫子・謀攻》相比，〈曹沫之陳〉未提及中間的單位，而從最小單位的「伍」突然跳至最大單位的「軍」，此點是難以理解的。

（六）……毋誅而賞，毋睪百姓，而改其將。君如親率（27）……

在此主張不將戰敗的責任推到民眾身上，而應該追究指揮官的責任。另外還論及御駕親征，但由於前後部分殘缺而不知此竹簡原來的順序，整體的意思也不明確。

（七）……又知舍有能，則民宜之。且臣聞之：卒有長，三軍有帥，邦有君。此三者所以戰。是故長（28）必約邦之貴人及邦之奇士，御卒使兵，毋復失（29）……

這裡的「卒」應係指部隊。在此也是強調應該將貴族或優秀的戰士任命爲部隊長。由於大部分的士兵是一般民眾，缺乏鬥志，所以將具備傳統權威或特殊能力之人當作指揮官，以此手段提高士氣。不過，第28簡和第29簡能否相連接這一點，尚有需要斟酌之處。因爲，第29簡也許是論述平時事先選任暫時能當部隊長的將校之必要，原屬於其他部分的文字。

（八）……【立】厚食，思為前行。三行之後，苟見短兵，攸（30）[6]

---

[6] 開頭缺的字可能是表示供給的意思之文字，所以在此補上「立」字。

在此說明，以「厚食」待遇兵卒是爲了使他們志願到三排中的前排。可由此推知，展開成左右兩翼的戰列由前、中、後三排構成。古時候將獨立步兵部隊稱爲「行」，但在〈曹沫之陳〉中將戰車與步兵間隔布置而橫向展開的戰鬥隊形稱爲「行」。

（九）……失車甲，命之毋行。（明日）將戰，思爲前行。諜人（31）
　　　來告曰：其將帥盡傷，戟連皆栽。曰將𣎽（擔）行。乃……

在此敍述了戰敗之後該如何應對。針對戰敗而失去裝甲和戰車的部隊，禁止他們離開此地。如果第二天再交戰，使他們志願到最前面的「行」。由於「𢧐」係車子的籀文，所以「戟連皆栽」的「戟」是車的意思。在此指以戈武裝的士兵們乘坐的戰車。「車連」指繫住馬和車身的繩索。「皆栽」指戰車破損或顛覆而繩索斷裂，此時馬和車身散亂的狀態。

　　由此描述得知：獲得會戰敗北之戰報，指揮官皆負傷，車列亦被破壞，所以想要背著裝備撤退之狀況。然而由於竹簡殘缺，無法確定對此如何處置。事實上，第31簡和第32簡之間的文章並不很通順，因此這兩簡能否連接尚有待商榷。

（十）【出】白徒，𣎽（擔）[7]食華兵，各載爾藏，既戰將量，爲之
　　　（32）

李零先生將（9）和（10）綴和爲整簡，但如上所述，由於文章的意

---

[7] 依照文章脈絡，將此未釋字「𣎽」解釋爲「擔」字。

思並不通順，所以依照鄙見分開處理。此處論述讓白徒擔任補給運送食糧到前線。但由於前後殘缺，無法得知竹簡本來的順序，故整體文章的意思亦不明確。附帶一提，可由文章脈絡推測「白徒」上的一個字為「出」，於此補上。但此字亦可能為「命」。

（十一）治。果勝矣。親率勝。使人不親則不敦，不和則不輯，不義則不服。」莊公曰：「為親如（33）何？」答曰：「君毋憚自勞，以觀上下之情偽。匹夫寡婦之獄訟，君必身聽之。有知不足，亡所（34）不中，則民親之。」莊公又問：「為和如何？」答曰：「毋嬖於便嬖，毋長於父兄，賞均聽中，則民（35）和之。」莊公又問：「為【義】如何？」答曰：「申功上賢，能治百人，使長百人，能治三軍，思帥授（36）【之】

在此曹沫主張「親」、「和」、「義」的重要。開頭的「為親」方針的說明是：國君親自裁決獄訟，精通於民眾的實情，使得民眾親近。其次將「為和」方針的說明則是：不偏愛貴族、寵臣，尊重共同體裡的年長順序，公平地統治國內。最後「為義」方針的說明是：基於能力主義、尚賢主義，依照實際功績選任指揮官。

　　李零先生沒有隸定「為【義】如何」的第二個文字，但筆者從前後脈絡判斷為「義」，以此補上了。另外，於下一簡的開頭應該有「之」字，依此補上。

（十二）……民者。毋攝爵，毋御軍，毋避辠。用都教於邦。【古】有戒言曰，奔爾征祪，不奔，爾或興或康以（37）會。故

帥不可思奔，奔則不行。戰有顯道，勿兵以克。」莊公曰：
「勿兵以克奚如？」答曰：「人之兵（38）不砥礪，我兵必
砥礪。人之甲不堅，我甲必堅。人使士，我使大夫。人使
大夫，我使將軍。人（39）使將軍，我君身進。此戰之顯
道。」莊公曰：「既成教矣。出師有忌乎？」答曰：「有。
臣聞之。三軍出（40）【乎】境必勝，可以有治邦。《周志》
是存。」莊公曰：「（41）……

開頭的第 37 簡列舉不要吝嗇封爵、不要從後方控制軍隊、不要迴避
追究責任而判罪的事態、將國都制定的教令頒行於全國等主張，但
由於此簡前面的竹簡欠缺，前後如何連接並不明確。李零先生綴和
上半部和下半部，而將第 37 簡當作整簡，但由於與「不要讓軍隊奔
走」的後文連接並不是很通順，所以此綴和方式亦尚待斟酌。

　　接下來，曹沫主張不能讓軍隊向戰場奔走。這想法與《孫子‧
軍爭》之「軍爭為利，軍爭為危」類似。在此文字的隸定上，依照
文章脈絡，將「奔爾正社」的「正」改為「征」，將「社」改為「祪」。

　　接著曹沫表示「勿兵以克」的想法。其旨在於：攻戰並不是憑
藉兵器的優劣決勝，[8] 而是以人才的優劣取勝，所以將地位比敵軍
的指揮官還高的人物任命為我軍的指揮官，鬥志便會提高而獲勝。
曹沫將此稱為「戰之顯道」。

　　下面話題轉移到「出師之忌」，亦即關於軍隊出征的禁忌。他強
調，為了出征到國境附近而獲勝，國內統治的成功是不可或缺的。

---

　　[8] 如「兵者國之大事也」、「此兵家之勝」（〈計〉）等，《孫子》常將「兵」
作為軍事的意思，但〈曹沫之陳〉的「兵」皆作為兵器的意思，而看不到指軍
事的「兵」字之例子。

另外，曹沫指出《周志》的存在也值得注意。

（十三）其將卑，父兄不薦，由邦御之。此出師之忌。」莊公又問
　　　日：「三軍散裹有忌乎？」答曰：「有。臣聞（42）之。三
　　　軍未成，陳未豫，行阪濟障，此散裹之忌。莊公又問曰：「戰
　　　有忌乎？」答曰：「有。其去之（43）不速，其就之不附，
　　　其啓節不疾，此戰之忌。是故疑陳敗，疑戰死。」莊公又
　　　問日：「既戰有忌乎？」（44）答曰：「有。其賞淺且不中，
　　　其誅厚且不察，死者弗收，傷者弗問，既戰而有殆心，此
　　　既戰之忌。」

第 42 簡是「出師之忌」的後續，但由於第 41 簡的下半部殘缺，其
中有若干處無從得知。

　　本簡接著討論「出師之忌」：指揮官的地位低而且不獲得父兄的
支持，所以讓國君從後方控制前線的軍隊，這便是關於軍隊出征的
禁忌。

　　其次莊公問「散裹之忌」，亦即關於軍隊集散的禁忌。曹沫對此
的回答是，行軍隊形尚未整齊而欲穿越險阻的地形，便會帶來軍隊
分散的危險性，所以這便是關於軍隊集散的禁忌。9

　　莊公接著問「戰之忌」，亦即關於戰鬥的禁忌。曹沫回答說，軍
隊開往戰場的移動不迅速、前往戰場的聚集不緊密、組織戰鬥隊形
不迅速，這些是關於戰鬥的禁忌。此回答的前提是，以縱向隊形行

9　《孫子》在〈行軍〉、〈地形〉等，詳述各種地形對軍事行動的影響，但
〈曹沫之陳〉預設的進軍距離甚短，因此論及地形之處極少，在遺留下來的竹
簡範圍之內，提及地形的只有此處。

軍，到達戰場之後向左右展開，車列進而轉換成戰鬥隊形的作戰行動。另外，不確定臨戰的方針而進行不徹底的布陣，或猶豫於開戰的「疑陳」、「疑戰」，也被視爲是戰鬥上的禁忌。

其次，莊公問「既戰之忌」，亦即關於戰後處理的禁忌。對此曹沬回答說，對有軍功者獎賞少、對有過失者刑罰重，而且處置不適當、不收斂戰死者的屍體、不慰問負傷者，而在國內產生不安之心，這些是關於戰後處理的禁忌。

（十四）莊（45）公又問曰：「復敗戰有道乎？」答曰：「有。三軍
　　　　大敗不勝，卒欲少以多。少則易較，圪成則易（46）

莊公問「復敗戰」之道，亦即三軍大敗之後重整軍勢之方法。此段似乎言及重編敗戰之兵、組織密集隊形，[10] 但由於未釋字和殘缺部分太多，因此整段的意思不明朗。在釋讀上，「少則易較」的「較」隸定爲「較」，解釋爲明白之意。

（十五）……【死】者收之，傷者問之。善於死者為生者。君（47）
　　　　不可不慎。不依則不恒，不和則不輯，不兼畏……（48）

這段是說明「復敗戰」之道的後半部。之所以在此說明，收斂戰死者的屍體以及慰問負傷者是爲了不減損志願者的意志或士兵拒絕徵召。另外指出「依」、「和」、「兼畏」的重要性。由全體內容判斷，此時重新策劃作戰的地點應該在國都。順帶一提，開頭的「者」字

10　「圪」係土地稍微突出來的樣子，在此該解釋爲：將戰敗而走散的士兵召集到某一處，組織密集的隊形。

上面可能原有「死」字，因此補上。

（十六）……於民。」莊公曰：「此三者足以戰乎？」答曰：「戒。
　　　勝（49）則祿爵有常，忌莫之當。」莊公又問曰：「復槃戰
　　　有道乎？」答曰：「有。既戰復豫，號令於軍中（50）曰：
　　　繕甲利兵。明日將戰，則旗旌傷亡，槃就行……□人。吾
　　　戰敵不順於天命，返師將復。戰（51）毋殆，毋思民疑。
　　　及爾龜策，皆曰勝之。改祕爾鼓，乃失其服。明日復陳，
　　　必過其所。此復（52）槃戰之道。」莊公又問曰：「復鉗戰
　　　有道乎？」答曰：「有。必賞首皆欲或之。此復鉗戰之道。」
　　　莊公又問（53）曰：「復缺戰有道乎？」答曰：「有。收而
　　　聚之，束而厚之，重賞薄刑，思忘其死而見其生，思良（54）
　　　車良士往取之耳。思其志起，勇者思喜，蔥者思悔，然後
　　　改始。此復缺戰之道。」莊公又問曰：「（55）善攻者奚如？」
　　　答曰：「民有保。曰城，曰固，曰阻。三善盡用不棄，邦家
　　　以宏。善攻者必以其（56）所有，以攻人之所亡有。」莊
　　　公曰：「善守者奚如？」答曰：「……（57）

　　在此部分的開頭，莊公乃問「此三者足以戰乎？」，此「三者」應該
係指第48簡中出現的「依」、「和」以及「兼畏」。
　　　接下來莊公問「復槃戰」的方法。不過，「槃戰」一詞意思不通。
「槃」是「縈」的籀文，而「縈」與「瘢」通，意味著傷痕。因此，
筆者將「復槃戰」解釋爲：重新建立戰敗、受損的軍隊之方法。「既
戰」一句意謂軍隊戰鬥過一次仗，而「復豫」係指軍隊戰敗後從戰
場撤退而回復爲行軍隊形。「甲繕利兵」意味著士兵的裝備或兵器損

傷的狀況。「明日將戰」係指著重整軍隊翌日將再度交戰。「旗旄傷亡」係指連軍旗都破損的狀況。[11]「槃就行」意謂在撤退過程的軍中「槃」還存在的情況，也可能意指，由於將損傷的部隊（槃）補充到「行」，而恢復戰力。只是，雖然李零先生將上半部和下半部綴和而將第51簡視為整簡，還難以證明前後文意有明確連繫，所以此綴和尚有疑義。筆者懷疑在這中間應有一支竹簡脫落了。

　　「吾戰敵不順於天命」意謂重新確認戰爭目的之正當性的行為。「返師將復」係指回到戰場、再度作戰的意志。重新策劃作戰的場所是撤退而再聚集的地點。「戰毋殆，毋思民疑」一句代表大部分的士兵本是民眾的狀況。由於已經戰敗過一次，所以需要消除他們的疑慮而讓他們確信勝利。「及爾龜策，皆曰勝」指讓士兵相信天佑神助的宣傳工作。「改祕爾鼓，乃失其服」可能意味著，如果因為戰敗而隱藏在突擊之際才使用的鼓，從此以後士兵便不會服從。[12]

　　「🔲」尚未被隸定，故筆者暫且將它隸定為「祕」字，並且解釋為「閉」、「閟」的意思。「明日復陳，必過其所」一句可能意味著，第二天再度從「豫」回到戰鬥隊形之時必須越過前日戰敗地點，即比前次戰敗的地方更推進一步，以期提高士氣。

　　接著莊公問「復甘戰」的方法。不過，「甘戰」本身意思不通。所以將「甘」改為「鉗」字，解釋為與「箝」、「緘」同樣為「閉」的意思。「鉗戰」指怯場的士兵不敢進軍而停滯不前的狀態。於是，「復鉗戰之道」意謂重建陷入恐懼而停滯的軍隊之方法。

---

[11]　「戠尾」二字從文章脈絡解釋為「旗旄」。
[12]　《尉繚子》中有：「明主戰攻之日，合鼓合角」（〈攻權〉）、「夫將提鼓揮枹，臨難決戰」（〈武議〉）。

「必贊首皆欲或之」一句中的第二個字一般隸定為「貢」字，但在此筆者隸定為「賞」字而將全文解釋為：任前鋒者給予重賞，而讓士兵爭先。

莊公接著問「復敀戰」的方法。依照鄙見，將第二個字隸定為「缺」字，如此可將「缺戰」解釋為：士兵缺乏鬥志，布陣之後一直不敢突擊的狀態。「收而聚之，束而厚之」意味著聚集部隊形成密集隊形，進而消除恐懼心。「重賞薄刑，思忘其死而見其生」意味著以重賞薄刑來鼓舞士氣，讓士兵忘卻對於死的恐懼，而願意活下去獲得重賞。「思良車良士往取之耳」意味著優秀的戰車和士兵只願突擊而獲賞。「思其志起，勇者思喜，葸者思悔」意味著：只要提高鬥志，勇者會為他能得賞而高興，怯者也為不勇戰便不能獲賞而後悔。「然後改始」意味著重新整頓態勢之後再度下達戰鬥命令。

接下來，莊公接著問「善攻」與「善守」。「善攻」的說明為：攻擊城、固、阻等薄弱的地點，但由於竹簡殘缺，「善守」的內容則無從獲知。

（十七）所以為毋退。率車以車，率徒以徒，所以同死【生】……
　　　　（58）

根據「率車以車，率徒以徒」一句可以推斷，這裡所描述的軍隊是由戰車和步兵構成的混合軍。吾人該注意的是，它完全沒有提及騎兵。

（十八）……其志者寡矣。」莊公又問曰：「吾有所聞之。一（59）
　　　　出言三軍皆懼，一出言三軍皆往，有之乎？」答曰：「有。

　　　　明慎以戒弗將弗克。毋冒以陷，必過前攻（60），賞獲訓蒠，
　　　　以勸其志。勇者喜之，慌者悔之。萬民……

莊公問，是否有將帥一發令，全軍便歡喜並且前進的辯才。對此曹
沬回答說，若互相勸戒不服從將領的統率便不能獲勝；命令使先鋒
部隊不敢不進軍，並且必須超越上次進軍的地點；將重賞給有軍功
者並且鼓勵怯懦者以鼓舞士氣。這就是其辯才。[13]

（十九）……□多。四人皆賞，所以為斷。如上獲而上聞，命……
　　　　　（62）

第 62 簡是斷簡，前後連接不明，文句之意亦不明確。

（二十）……乃自過以悅於萬民，弗臻危地，毋亦食……（63）

李零先生綴合上半部和下半部而將第 63 簡視為整簡，但由於上下的
意思之連接不通順，所以在此分開處理。另外，依照鄙見，將「㷪」
隸定為「臻」字。

（二十一）……飴鬼神翰武，非所以教民。唯君其知之。此（63）
　　　　　先王之至道。」莊公曰：「沬，吾言是否，而毋惑諸小道
　　　　　歟。吾一（64）

---

[13] 此處所缺字可能是表示激勵、督促打仗意思的文字。

李零先生綴合上半部和下半部而將第 64 簡視爲整簡，但若如此，便變成右契口和左契口皆在同一支竹簡上，而且文章的意思也不通順，所以在此分開處理。[14]「𣏾武」的意思不明瞭，但由並稱鬼神而推測可能係指軍神之類。曹沫主張，上供給鬼神、軍神而祈求保護等依賴神鬼的方法，不能當作教化民眾的手段，而他把這觀點稱爲「先王之至道」。

筆者將引文中的「餯」隸定爲「䬫」，再將它改爲「飴」字。

（二十二）……欲聞三代之所。」曹沫答曰：「臣聞之。昔之明王之
　　　　　起（64）於天下者，各以其世，以及其身。今與古亦然。
　　　　　亦唯聞夫禹湯桀受矣（65）。」

莊公問夏、商、周的興衰。對此曹沫論道：之所以古代明王興起而開創新王朝，是因爲前幾代祖先的累積在他們身上呈現，所以禹、湯的成功和桀、受（紂）的失敗，皆是由過去累積成功或失敗的結果，並非是一代的功績或責任。曹沫的用意在於勸告莊公也必須從三代的教訓中學習，如果現在莊公不能恢復被齊國奪取的失地而中興，後世的魯君必定要失去國家。如此，曹沫促使莊公決意發動恢復失地之戰。

第 65 簡在「亦唯聞夫禹湯桀受矣」之後有符號（∨），其下空白，所以此處即是結尾。

---

[14] 關於此點，請參照竹田健二：〈『曹沫之陳』における竹簡の綴合と契口（〈曹沫之陳〉中的竹簡之綴合與契口〉），收於《東洋古典學研究》第 19 集，2005 年 5 月。

二、〈曹沫之陳〉之兵學特色

（一）戰爭的目的與戰爭的性質

　　〈曹沫之陳〉之設定，是爲了奪回被齊國奪去的領土，曹沫對魯莊公（在位時間：公元前 693 年～662 年）勸說發動恢復失地的戰爭之狀況。如「還年而問於曹沫曰，吾欲與齊戰」（3），莊公終於決心向齊國開戰，而如「問陳奚如，守邊城奚如」（3），開始跟曹沫詢問兵法，〈曹沫之陳〉整篇即由雙方的問答而構成。

　　因此，此次戰爭目的在於奪回齊魯邊界的城邑，亦即，一方面防衛魯國邊境附近的城邑，另一方面以戰勝齊國而佔優勢的立場提出講和，進而逼使齊國將奪取的土地歸還魯國。是故，幾天內的短期會戰本身就構成戰爭的全體，此爲其戰爭型態。也因爲這樣，此論述並不構想做歷時數年的長期戰，而進軍距離亦設定從魯國國都曲阜到齊國國境附近，一百公里左右的短距離。

　　若我們看《孫子》，它設定長達六十二年的吳越抗爭之狀況，而且吳越抗爭的目的不在於奪國境沿邊的土地，而是完全地壓制敵國，最後至公元前 472 年吳國滅亡方告結束。此外，《孫子》的作者孫武策劃的吳國對楚國之戰役，也是以覆滅敵國爲目標之長期戰，從公元前 511 年到佔領楚都郢之公元前 506 年，也經歷了六年時間。

　　因此，《孫子》的戰爭型態並以簡單的一次會戰爲戰爭之全部，而是具有複雜的過程。換言之，《孫子》所構想的戰爭是，一方面突破國境的遠征軍反覆進行機動戰，一邊隱蔽著進路、目的地等而進入敵國的深處，也演出攻略國都之擬態；另一方面，還自己創造彷彿自軍陷入不可脫離的嚴重包圍中之「困境」，以此誘導出敵軍的主力部隊，決戰獲勝而挫敵人的銳氣後班師。

與此相比，〈曹沫之陳〉所設想的戰爭之時間和進軍距離皆極短，而戰場也被設定為國境附近的地點，所以不像《孫子》般強調補給的困難，也沒有警告往前線的軍需物資之運送將會拖垮國家經濟。

如「三軍出乎境必勝，可以有治邦」（12），只設定在國境附近作戰之〈曹沫之陳〉和如「散地則無戰」（〈九地〉）迴避國境附近的戰鬥，而與如「馳車千駟，革車千乘，帶甲十萬，千里饋糧」（〈作戰〉），設想長距離進軍之《孫子》之間的差異極大。[15]

（二）軍隊的結構與戰爭的形式

〈曹沫之陳〉的軍隊結構是如「車閒容伍，伍閒容兵，貴有常」（5）、「車連皆栽」（9）、「率車以車，率徒以徒」（17），以戰車部隊為主力，而步兵伴隨之，亦即春秋時代普遍的軍隊結構。因此，只走平地的兩軍之進軍路線，互相能夠事先預測。而且，也因為戰車能戰鬥的地方只限於平坦之處，雙方預期的會戰場所可能在同一個地點。因此戰鬥型態離不開一定的形式，也就是說，戰爭方式必定是在兩軍預期會遭遇的平原上會戰。由於兩軍在戰場對峙之後開始戰鬥，所以勢必會採取正面攻擊之型態，而不設想以埋伏或從背後、側面的偷襲來取勝之方式。

《孫子》的舞台則不在中原，而是在長江流域，也因為如此，軍隊的結構是以大量步兵為主力，而戰車伴隨之。戰場不必是平坦的地形，而如「客絕水而來，勿迎之於水內，令半濟而擊之，利。」

---

[15] 關於此點，請參照拙論：〈十三篇『孫子』の成立事情〉（收入於《島根大學教育學部紀要》第 13 卷，1979 年 12 月），以及湯淺邦弘：《中國古代軍事思想の研究》（東京：研文出版，1999 年 10 月）。

（〈行軍〉），設想在對岸埋伏攻擊渡河的敵軍；或如「夜戰多金鼓」
（〈軍爭〉），設想以夜晚偷襲而獲勝等戰略。是故，如「兵者，詭道
也」、「攻其無備，出其不意」（〈計〉）、「兵以詐立」（〈軍爭〉），《孫
子》將兵法的本質規定為詭詐權謀。

　　與此相比，〈曹沫之陳〉的兵法濃厚地保存著春秋時代在中原的
車戰之形式。也正如說「不奔爾或興或康以會」（12），〈曹沫之陳〉
中的軍隊遵守堂堂正正地臨戰之形態。因此始終未提及如「故兵以
詐立，以利動，以分合為變者也」（《孫子·軍爭》）這般，講究分
進合擊的機動戰術。

（三）勝利的關鍵

　　由於〈曹沫之陳〉的戰鬥遵守一定的方式以正面攻擊的方式進
行，不像《孫子》般地將詭詐權謀當作求勝的重要條件；而其獲勝
的關鍵在於——軍隊士氣的高低或士兵的鬥志是否旺盛。因此，在
〈曹沫之陳〉中幾乎看不到有關戰術權謀之記載，而不斷地強調國
君或指揮官應該鼓舞軍兵的士氣。所以，如在「有固謀而亡固城，
有克政而亡克陳。三代之陳皆存，或以克，或以亡」（3）、以及「是
故夫陳者，三教之末」（5）等句子所示，比起陣法更優先提高鬥志
之方策。

　　其具體的方法，如「君毋憚自勞，以觀上下之情偽。匹夫寡婦
之獄訟，君必身聽之。有知不足，亡所不中，則民親之」（11）、「賞
均聽中，則民和之」（11）或「毋獲民時，毋獲民利。申功而食，刑
罰有辠，而賞爵有德」（5）等例子所示，有考慮到民眾生活的國內
統治，按照能力選才，公平、適當的賞罰等。又，如「毋攝爵」（12）、
「勝則祿爵有常，忌莫之當」（16）、「重賞薄刑，思忘其死而見其生，

思良車良士往取之耳」（16）、「賞獲詡惪，以勸其志」（18）等例子
所說，它強調保證對有軍功者給與重賞之必要，以作爲提高鬥志的
手段。

　　基本上被動員爲步兵的民眾之鬥志處於極爲低靡之狀況。因
此，反覆主張以重賞誘導他們去打仗。

　　〈曹沫之陳〉的作者將地位較高的人物選任爲指揮官視爲鼓舞
軍隊的士氣之方法。如「凡貴人思處前位一行。後則見亡。進必有
二將軍。無將軍必有數獄大夫，無裨大夫必有數大官之師，公孫公
子。凡有司率長，伍之閒必有公孫公子。是謂軍紀」（5）、「君如親
率」（6）、「是故長必約邦之貴人及邦之奇士，御卒使兵」（7）、「人
使士，我使大夫。人使大夫，我使將軍。人使將軍，我君身進。此
戰之顯道」（12）、「其將卑，父兄不薦，由邦御之。此出師之忌」（13）
等句子，皆論述爲了獲得勝利任命比敵軍的指揮官地位還高的人物
爲指揮官，並且以國君爲首的貴族作戰時衝先鋒。如此民眾才會感
覺到統治者是認真的而提高鬥志。

　　值得注意的是，在此〈曹沫之陳〉幾乎毫不討論指揮官需要兼
備什麼樣的軍事才能；反之，倒是認爲，指揮官由身分高的貴族來
組成此事實本身就具有重要的意義。這種情況反映著，被動員爲步
兵的大量民眾並未將戰爭當作自身的問題，而且主動參戰的意識很
低靡。原本民眾認爲戰爭是統治階層擅自發動的，與自己沒有關係，
如此被徵召上戰場是一件痛苦的事情。因此，他們的鬥志當然會低
落。爲了解消這樣的心態，統治者需要以國君爲首的貴族來當先鋒，
以顯現戰鬥之意志。以此讓民眾感受到不問貴賤的一體感。

　　事實上《孫子》也預設民眾的戰鬥意志之極低狀態爲前提，但
是，如「勇怯，勢也」（〈勢〉）的例子所示，可以將軍擬出的詭詐

權謀來彌補民眾鬥志之低落。這也同時被視為勝敗之關鍵。在此，將軍必須具備作戰的才能，而正如「凡此六者，敗之道也。將之至任，不可不察也」（〈地形〉）、「將軍之事，靜以幽，正以治」（〈九地〉）等句子所示，《孫子》中頻繁出現與將軍之才幹相關的論述。

　　而且，由於《孫子》所設想的戰爭型態是侵入到敵國深處之長距離進軍，御駕親征是不可能的事；更何況也不可能將大量的王孫、公子、貴族等編入軍隊，進而導致國內統治階層長期真空之情勢。與此相比，〈曹沫之陳〉設想的則是：進軍距離和時間皆短、兩國在邊境附近會戰，這樣的因素讓〈曹沫之陳〉之作者能夠設想以國君為首的貴族率先戰鬥的型態。

（四）陣法之特色

　　〈曹沫之陳〉所提出的陣法，如「車閒容伍，伍閒容兵，貴有常」（5）、「車連皆載」（9）、「率車以車，率徒以徒」（17）所示，是由戰車和步兵的混合部隊而成，而將伴隨步兵配置於戰車與戰車之間，組成向橫展開的戰列，稱之為「行」。

　　然後，如：「凡貴人思處前位一行。後則見亡」（5）、「【立】厚食，思為前行。三行之後，茍見短兵」（8）的句子所示，乃將此戰列配置成前、中、後三塊。

　　如「五人以伍，萬人（26）【以軍】」（5）的句子所指出的，一軍為一萬人。「三軍出，君自率，必聚羣有司而告之」（5）、「卒有長，三軍有帥，邦有君」（7）、「能治百人，使長百人，能治三軍，思帥授【之】」（11）、「三軍出【乎】境必勝，可以有治邦」（12）、「三軍大敗不勝」（14）的例子告訴我們，平時三軍都會出動。因此，總兵力為三萬左右。由此觀之，三軍都出征的話，「一行」的編制即

約一萬人的兵力。

　　然而，魯莊公（在位：公元前 693 年～662 年）在世的春秋時代前期（公元前 770 年～588 年）所發生的會戰，如晉國破楚而確立霸主地位的城濮之戰（公元前 632 年），或晉國和魯、衛聯合打敗齊國的鞌之戰（公元前 589 年）等著名的大戰中，晉國的兵力規模為戰車七百乘至八百乘，兵力才兩萬多，因此，當時魯國單獨動員三萬的兵力顯得誇張了。是故，〈曹沫之陳〉所記載的動員兵數應該並不反映莊公時代的實際情形，而是反映出兵數增加達到三、四萬人的春秋時代後期（公元前 587 年～404 年）之狀況。

　　〈曹沫之陳〉完全沒有「行」之外的其他陣形之記載，所以可能上述的陣形是當時普遍採用的。我們也可以說，此陣形保存著春秋時代在中原進行的戰車戰之典型型態。

　　由於《孫子》也幾乎不論及陣形，所以無法與《孫子》進行比較，但從銀雀山漢墓出土的《孫臏兵法》中則有豐富的有關陣法之記載。其中〈八陣〉說：「**用陣參分，誨陣有鋒，誨鋒有后，皆待令而動。斗一，守二。以一侵敵，以二收**」，揭示將兵力分成三隊，而以先鋒一、後衛二的比例來配置之陣法。這是基本陣形，而由於陣形末端的形狀與「八」字類似，因此也稱為八陣，即相當於後代的魚鱗之陣。

　　再加上，如〈十陣〉所舉「**凡陣有十。有方陣，有圓陣，有疏陣，有數陣，有錐行之陣，有雁行之陣，有鉤行之陣，有玄襄之陣，有火陣，有水陣**」，《孫臏兵法》依照一般形式以外的特殊狀況和用途還列舉十種陣形，並且詳細說明各個陣形之運用方式。與此相比，〈曹沫之陳〉則並不揭示對應各種用途之陣形，只出現由前、中、後三行組成的基本陣形。這是因為〈曹沫之陳〉所預設的戰爭型態

是以戰車為主力的，是以正面攻擊方式進行的簡單會戰，因此並不特別需要複雜的陣形。

與此相比，《孫子・勢》「凡戰者，以正合，以奇勝。」則主張，以正常方式與敵人對峙之後，應該陸續使出奇招而獲勝。此外，《孫臏兵法・奇正》也舉出「形以應形，正也；無形而制形，奇也。」、「同不足以相勝也。故以異為奇。」、「是以靜為動奇，佚為勞奇，飽為飢奇，治為亂奇，眾為寡奇。」或「奇發而為正，其未發者奇也。奇發而不報，則勝矣。」等方式，並且詳細解釋「奇」與「正」的運用法。[16]

再回〈曹沫之陳〉，他說「其去之不速，其就之不附，其啓節不疾，此戰之忌。是故疑陳敗，疑戰死。」（13），在此討論的是戰鬥時的禁忌。不過，在此段所提出的負面狀況是，往戰場的軍隊移動不迅速，往戰場的各部隊之間凝聚不緊密，到達戰場後組織戰鬥隊形太過緩慢等問題。

的確，以縱隊行軍而到達戰場之後，不浪費時間地展開成橫向並變換成戰鬥隊形的車列之行動，需要高度的技術。也就是說，關於陣形的問題當中，〈曹沫之陳〉的作者所注重的只是這種展開行動；它不論及有關兩軍對峙後的奇法之戰術。如上所述，布陣完成並且戰鬥開始之後，它將勝利之條件只歸於反覆鼓舞士氣而讓士兵勇戰、力戰這一點上。

關於〈曹沫之陳〉中，另外一個陣法上的特色是，對於如何挽回劣勢的方法著墨甚多。所提出的挽回劣勢方法有四種：「復敗戰」、「復縶戰」、「復鉗戰」以及「復缺戰」。

---

[16] 關於此點的詳細說明，請參照拙著：《孫子》（東京：講談社，1997 年 6月）。

　　第一個「復敗戰」是以「三軍大敗不勝」(14)的狀況爲前提。因此，由於大敗的軍隊在戰場附近重整態勢是不可能的，所以挽回態勢應該在軍隊撤退到都城並且解散之後，重新於國內進行。講述軍隊重建部分的竹簡佚失了很多，因此內容不甚明確。

　　不過，從「【死】者收之，傷者問之。善於死者為生者。君不可不慎。不依則不恒，不和則不輯」(15)或「戒。勝則祿爵有常，忌莫之當。」(16)等句子所能推測的具體內容是：務必收斂戰死者的屍體、慰勞受傷者、向戰鬥中死傷的士兵表示敬意。以這樣的方式在重建軍隊之際防止被動員的民眾意志低落。再者，依照規定賜與爵祿給立下軍功者，以免他們產生不滿情緒。如此試圖穩固國內的情勢。由此觀之，在「復敗戰」的階段，重建作戰的根據地主要應該在本國都城中。

　　第二個「復縈戰」可從「既戰復豫，號令於軍中曰」(16)一句瞭解，所指爲敗戰之後從戰場撤退並解開戰鬥隊形，回復行軍隊形的狀態。雖然回到行軍隊形，但軍隊並沒有解散，而是撤退後再次聚集，試圖重建態勢。

　　關於其具體的方法，〈曹沬之陳〉曰：「繕甲利兵。明日將戰。則旗旄傷亡，縈就行……」，亦曰：「……□人。吾戰敵不順於天命，返師將復。戰毋殆，毋思民疑。及爾龜策，皆曰勝之。改祕爾鼓，乃失其服。明日復陳，必過其所。此復縈戰之道」(16)。

　　上面引文之大意是，修繕損傷的裝備和兵器，整合並再編組受損且消耗戰力的部隊以期恢復戰力；非難敵國之大義而再度確認我方戰爭目的之正當性；也宣傳卜卦預測爲勝利以期消除不安；讓民

眾確信雪恥戰將會勝利；揭示進攻之鼓，以提高鬥志等等。[17]

　　因為文中提到「明日將戰」、「明日復陳」，雖然戰敗而脫離戰場，但此際軍隊還留駐在戰場附近，於撤退數公里後的地方再度集結。由是觀之，「復槃戰」時，重新策劃作戰的地點應在戰場稍微後方處。

　　第三個「復鉗戰」為：犒賞衝鋒陷陣者，以此使得後續部隊前進。也就是說，促使因恐懼心而陷入停止狀態的軍隊勇敢前進。

　　第四個「復缺戰」所指可從「然後改始」（16）的內容判斷，是在戰場布陣開戰的時候，由於士兵之間缺乏鬥志，突擊卻失敗，故試圖重新開始戰鬥的狀況。為了補救缺乏鬥志的情況，提出了如此的解決方法：「收而聚之，束而厚之，重賞薄刑，思忘其死而見其生，思良車良士往取之耳。思其志起，勇者思喜，蕙者思悔，然後改始。此復缺戰之道」（16）。

　　上述引文的大意是，為了消除恐懼心，凝聚部隊而組織密集隊形；以重賞薄刑鼓舞士氣，促使優秀的戰車和士兵忘記死亡的恐懼而只顧活下來並獲得重賞，因此勇敢突擊；讓怯場者覺得若不勇戰便無法獲得恩賞而後悔。這些是補救缺乏鬥志之方法。如此提高鬥志之後，就可再下戰鬥命令，此時策劃重整的地點應該是正在布陣的戰場。

　　由此得知，重建態勢的四種方法皆以與敵軍的會戰為中心。正如「復鉗戰」時，指揮官進軍到戰場，無論如何要向前會戰。又，如「復缺戰」時，已經在戰場佈陣，但我軍士兵卻缺乏鬥志而不敢突擊的狀況下，指揮官始終鼓勵並督促前進，想辦法讓全軍敢行突擊戰術。

---

[17] 利用占卜而提高士氣的方法亦可見於《墨子‧號令》：「巫祝史與望氣者，必以善言告民」。

不僅如此，如「復敗戰」一句所示，會戰而戰敗之後，也試圖在撤退地點挽回劣勢，而回到戰場後還要再度會戰，如「返師將復」一句所示。甚至在「復敗戰」時，即使遭到如「三軍大敗不勝」之大敗，還要試著在本國重建軍隊再度與敵軍會戰。

之所以〈曹沫之陳〉如此堅持會戰，是因為春秋時代是以戰車為中心之戰爭，無法預設除了會戰的方式之外的決定勝敗的戰爭形式之緣故。因此，〈曹沫之陳〉並不主張設置圈套並奇襲取勝的戰術，也不強調防備敵人的奇襲。這與注重防備伏兵或奇襲的《孫子》有很大的不同。例如《孫子・行軍》曰：「鳥起者，伏也。獸駭者，覆也」。

尤其是「復敗戰」方法的前提是──在自軍戰敗受創並撤退的過程之中，敵軍卻沒有前來追擊的狀況。可以如此推斷的理由是，如果敵軍乘戰勝之勢繼續追擊，打算進行徹底的殲滅戰的話，我軍便完全不可能停駐於離比戰場後退一點的地方挽回劣勢，並且翌日就回到戰場再度作戰。

春秋時代在中原進行的戰車戰中，如兩軍事先決定會戰日期或場所，抑或在戰場對峙之後，勇者出面進行致師或請戰的禮儀等，戰鬥都依從一定的模式進行。如果車列混亂而一方陷入無法戰鬥、指揮官戰死或本陣的軍旗被奪取，便判定為戰敗，而敗者從戰場撤退，勝者不追擊，此為當時的規定。

總之，春秋時代的戰爭依照以貴族為中心的戰士美學原則來進行，戰爭的本質亦就在於堂堂正正地面對，而由發揮勇氣和戰鬥技術來獲得名譽這一點。因此，如《孫子》所說的「攻其無備，出其不意」這樣的方法，也就是說，以詭詐權謀為主的方法，對他們而言，絕非戰爭的本質。〈曹沫之陳〉所描述的戰鬥型態幾乎繼承春秋

時代在中原進行的戰車戰之型態，而其兵學亦是以如此的戰鬥型態
為前提構成的。

三、〈曹沬之陳〉之成書年代

〈曹沬之陳〉的結構為魯莊公向曹沬問兵法，曹沬回答的問答
體。有關魯莊公和曹沬對於軍事之問答亦見於《左傳》中：

> 十年春，齊師伐我。公將戰。曹劌請見。其鄉人曰：「肉食者
> 謀之。又何間焉？」劌曰：「肉食者鄙。未能遠謀。」乃入見。
> 問。何以戰。公曰：「衣食所安，弗敢專也。必以分人。」對
> 曰：「小惠未徧。民弗從也。」公曰：「犧牲玉帛弗敢加也。
> 必以信。」對曰：「小信未孚，神弗福也。」公曰：「小大之
> 獄，雖不能察，必以情。」對曰：「忠之屬也，可以一戰。戰
> 則請從。」公與之乘。戰于長勺，公將鼓之。劌曰：「未可。」
> 齊人三鼓。劌曰：「可矣！」齊師敗績。公將馳之，劌曰：「未
> 可。」下，視其轍。登軾而望之，曰：「可矣！」遂逐齊師。
> 既克。公問其故。對曰：「夫戰勇氣也。一鼓作氣，再而衰，
> 三而竭。彼竭我盈，故克之。夫大國難測也，懼有伏焉。吾視
> 其轍亂，望其旗靡，故逐之。」（〈莊公十年〉）

由上可知，莊公十年（公元前 684 年）發生長勺之役時，曹沬與莊
公搭乘同一輛戰車率領魯軍，並且擊破了齊軍。此敘述內容暗示曹
沬原來是從「參乘」之身分獲得提拔的武人。同年六月，齊、宋聯
合攻擊魯國，但公子偃不聽從莊公制止，而獨斷地攻擊宋軍。結果

宋軍即大敗，故齊軍撤退。

> 夏六年，齊師、宋師次于郎。公子偃曰：「宋師不整。可敗也。
> 宋敗齊必還。請擊之。」公弗許。自雩門竊出，蒙皋比而先犯
> 之。公從之，大敗宋師於乘丘。齊師乃還。（〈莊公十年〉）

莊公十三年（公元前 681 年）魯、齊兩國在柯邑盟約講和，不過，《左
傳》中並沒有在這其間魯國戰敗於齊國而被奪取領土的記載。雖然
莊公九年（公元前 685 年）魯國在齊國與乾時會戰，此時魯莊公放
棄自己所乘的戰車而敗逃。不過此次乾時之戰，曹沫本人並沒有指
揮魯軍，魯國也沒有因此戰敗而被奪取領土。

　　因此，《左傳》中當然沒有如下引文所述的曹沫威脅齊桓公而讓
他歸還被奪取的領土之記載。《史記》曰：

> 五年，伐魯，魯將師敗。魯莊公請獻遂邑以平，桓公許，與魯
> 會柯而盟。魯將盟，曹沫以匕首劫桓公於壇上，曰：「反魯之
> 侵地！」桓公許之。已而曹沫去匕首，北面就臣位。桓公後悔，
> 欲無與魯地而殺曹沫。管仲曰：「夫劫許之而倍信殺之，愈一
> 小快耳，而棄信於諸侯。失天下之援，不可。」於是遂與曹沫
> 三敗所亡地於魯。（〈齊太公世家〉）

在〈魯周公世家〉中也有同樣記載，其曰：

> 十三年，魯莊公與曹沫會齊桓公於柯，曹沫劫齊桓公，求魯侵
> 地，已盟而釋桓公。（〈魯周公世家〉）

由上得知,《左傳》和《史記》所記載的曹沫之人物之間有極大的差
距。[18] 其中,《左傳》中的曹沫是率領魯軍而擊破侵犯魯國的齊軍
之名將,他就是魯國的軍事英雄。相形之下,《史記》中的曹沫雖還
是屬於勇者,但他連續三次戰敗而失去領土,所以無法稱爲名將。
在《史記》中所見的曹沫是一位壯士的形象,而其人物形象應該源
自於《公羊傳》中如下的記載:

> 莊公將會乎桓。曹子進曰:「君之意何如?」莊公曰:「寡人
> 之生則不若死矣!」曹子曰,然則君請當其君,臣請當其臣。」
> 莊公曰:「諾。」於是會乎桓。莊公升壇。曹子手劍而從之。
> 管子進曰:「君何求乎!」曹子曰:「城壞壓竟,君不圖與?」
> 管了口:「然則君將何求?」曹子曰:「願請汶陽之田。」管
> 子顧曰:「君許諾。」桓公曰:「諾。」曹子請盟。桓公下與
> 之盟。已盟。曹子摽劍而去之。要盟可犯,而桓公不欺;曹子
> 可讎,而桓公不怨。桓公之信,著乎天下,自柯之盟始焉。(〈莊
> 公十三年〉)

曹沫在會盟的場合以手劍威脅齊桓公而要回了被齊國奪取走的領
土,這一點與《史記》的敘述相同。然而,《公羊傳》並沒有將失去
領土的責任歸罪於曹沫,而似乎歸罪於以莊公爲代表的魯國君主。
《史記》可能將《公羊傳》的內容改爲,曹沫爲了負戰敗責任而威
脅齊桓公,進而將領土收回之故事。

---

[18] 長勺之戰之前曹沫和莊公進行問答的記載亦可見於《國語・魯語》中,
但《國語》只記載到戰爭之前的問答,而沒有曹沫指揮魯軍而獲勝的部分。

　　在〈曹沫之陳〉中出現曹沫批評莊公的施政，且教授想與齊國作戰的魯莊公兵法，此文描述的曹沫明顯是個魯國的軍事英雄。這方面接近《左傳》中所寫到的曹沫。不過，另一方面，〈曹沫之陳〉亦以魯國被齊國奪取領土之狀況爲前提。〈曹沫之陳〉如此設定的狀況卻較接近於《公羊傳》與《史記》。然而，假如被齊國奪取領土的原因是因爲曹沫擔任魯國將軍而敗於齊國的話，就變成敗軍之將對君上講述兵法，這極爲不自然。因此，〈曹沫之陳〉似乎認爲領土被齊國奪取的原因在於莊公統治的失敗。

　　如上所述，〈曹沫之陳〉的內容裡，曹沫的人物形象接近於《左傳》，而與齊國的關係設定則接近於《公羊傳》與《史記》，亦即折衷兩者的型態。目前無法釐清《左傳》和《公羊傳》到底哪一方的記載才反映出史實。無論如何，〈曹沫之陳〉明顯地是根據長勺之役中曹沫的表現而撰作的，因此其成書年代可確定於莊公十年（公元前 684 年）以後。再加上，由於在記載中出現公元前 662 年死亡的莊公之諡號，其撰作時間的上限是在公元前 662 年之後。

　　關於此文獻成立之時代上限，還需要從兵數、軍隊結構的面向加以考察。〈曹沫之陳〉的記載中，魯國以三軍三萬人的兵力作戰爲常態。不過，如前曾論及，以魯莊公當時的狀況而言，這似乎是個超過實際可能的數字，而反映出兵員數量擴增後的春秋時代後期（公元前 587 年～404 年）的狀況。當然，即使是在春秋時代後期，我們還是無法想像魯國平常的動員兵數可達到三萬。這可能是作者配合春秋時代後期的一般狀況之結果。

　　另外，〈曹沫之陳〉記載如大量的民眾被動員爲步兵。這也不甚符合以貴族爲中心的戰士組成，搭乘戰車作戰的春秋時代前期之狀況，這反而與民眾被大量動員編入軍隊的春秋時代後期的狀況一致。

我們也必須注意〈曹沫之陳〉中完全沒有出現騎兵之事實。在戰國時代有關作戰的巨大轉變，就是從北方的游牧騎馬民族導入的騎兵之誕生。公元前 455 年，智伯、韓、魏三氏試圖攻擊晉陽城時，趙襄子曰：「乃使延陵王將車騎先之晉陽」（《戰國策・趙策》）這句話表示：派出戰車和騎兵當作先遣部隊前往救援。依此得知，春秋末期的趙國已經編制騎兵部隊了。

正如公元前 307 年趙武靈王考慮到騎兵之便，改變中華的習俗而裁示採用胡服的事例指出，由於和北方善騎馬的民族戰鬥，趙國成為中國最早發展騎兵的地區。到了戰國時期，騎兵快速普及到各國，而到戰國中期時已經達到從數千騎到一萬騎的兵力規模。由騎兵而成的襲擊部隊活用其卓越的機動性，一夜之間能夠移動進擊百里之遠。

《吳子》、《六韜》、《孫臏兵法》等戰國時期的兵法書皆出現騎兵，反映了如此的狀況變化。譬如，「武侯問曰：『凡蓄卒騎豈有方乎！』」（《吳子・治兵》）、「武侯從之，兼車五百乘，騎三千匹，而破秦五十萬眾。」（《吳子・勵士》），「谿谷險阻者，所以止車禦騎也。」（《六韜・奇兵》），「夜半遣輕騎，往至敵人之壘。」（《六韜・五音》），「易則多其車，險則多其騎。」（《孫臏兵法・八陳》）等等。與上述各篇相比，和《孫子》相同，〈曹沫之陳〉中完全沒有出現「騎兵」之語，這表示其成書年代應該是在春秋時代。

綜合以上探討的結果，〈曹沫之陳〉的成書年代晚於春秋中期（公元前 648 年〜527 年），而筆者認為春秋後期（公元前 526 年〜406 年）成立的可能性最大。上博楚簡的書寫年代被推定為與郭店

楚簡幾乎同樣之戰國中期。[19] 毋寧說，原著的成立更早，所以其成立最晚也在戰國前期已經完成。原本的〈曹沫之陳〉是超過 65 支竹簡的大作，而且具備〈曹沫之陳〉的篇名，由此可以推定，它保持著穩定的體裁，而流傳的時間也相當久。這點也同樣暗示著，〈曹沫之陳〉的成書年代爲春秋後期。[20]

　　這表示〈曹沫之陳〉與《孫子》幾乎在同時期成立。[21] 儘管如此，爲何兩者的兵學之間可見如此巨大的差異呢？其原因之一是成書地域的差異，亦即，相對於〈曹沫之陳〉是中原魯國之著作，而《孫臏兵法・陳忌問壘》的「明之吳越」一句表示，《孫子》是在南方吳越之地成立的。

　　只擁有步兵部隊的吳人首次獲悉戰車之戰法，是建國之後，公元前 584 年。具體而言，是家族皆被殺盡而從楚國逃到晉國的申公巫臣，爲了復仇派遣兒子狐庸教授吳人戰車的操縱法，挑唆吳國侵攻楚國的時候。在此以後，吳國也開始擁有戰車部隊，但爲了在長江下流域的水澤地帶運用戰車，還必須要下相當程度的工夫和努力。

---

　　[19] 關於此點，請參照上海大學古代文明研究中心、清華大學思想文化研究所編：《上博館藏戰國楚竹書研究》（上海：上海書店出版社，2002 年 3 月）所收的〈馬承源先生談上海簡〉以及李學勤：〈孔孟之間與老莊之間〉（收入於《新出土文獻與先秦思想重構國際學術研討會會議論文》〔上海：上海大學，2005 年 3 月〕）。

　　[20] 廖名春：〈楚竹書〈曹沫之陳〉與《慎子》佚文〉（收入於《新出土文獻與先秦思想重構國際學術研討會會議論文》〔上海：上海大學，2005 年 3 月〕）指出類似〈曹沫之陳〉的「魯莊公將為大鐘，型既成矣。曹沫入見曰」、「今邦彌小而鐘愈大。君其圖之」之文章，作為「慎子曰」在諸書中被引用，將〈曹沫之陳〉成書年代的下限當作慎到在齊國稷下活動的威王、湣王之時期。

　　[21] 關於《孫子》的成立時期，請參照拙文：〈十三篇『孫子』の成立事情〉（收入於《島根大學教育學部紀要》第 13 卷）以及湯淺邦弘：《中國古代軍事思想の研究》（東京：研文出版，1999 年 10 月）。

《左傳‧定公四年》（公元前 506 年）中可見，楚國迎擊侵攻楚國的吳軍之際，大夫武城黑對將軍子常進言：「吳用木也，我用革也。不可久也。不如速戰。」大意是，相對於吳國的戰車全部是木製，楚國的戰車以皮革套裝，所以容易腐敗，如此，在濕氣很高的湖澤地帶繼續與吳軍進入持久戰將對楚軍不利，不如儘快進行決戰。由此例子可得知，吳人引進戰車之後，為了符合地理環境，對戰車曾加以改良，提升了耐水性。

不過，對吳人而言，儘管經過如此的努力，戰車依然是難以操縱的兵器。如「陸人居陸，水人居水。夫上黨之國，我攻而勝之，吾不能居其地，不能乘其車。」（《國語‧越語上》）一句所示，伍子胥對吳王夫差指出，由於吳國與中原諸國之間存在著決定性的地理條件差異，活躍於中原的戰車不適合吳國的地形。

因此，吳國只讓戰車扮演輔助角色，而依然位居軍隊的主力者就是步兵。相對而言，在中原地區，進入了春秋中期後（公元前 648 年～527 年），正如「晉侯作三行以禦狄」（《左傳‧僖公二十八》）一文所示，公元前 632 年開始組織獨立的步兵部隊，逐漸脫離伴隨戰車的次級性質而發展為獨立步兵部隊，正逐漸地普及到其他中原諸國，並且其比重也呈現漸漸增加的趨勢。不過，由於獨立步兵隊是為了抵抗從山岳地帶無車出擊的狄而設置，爾後步兵部隊仍然只扮演輔助的角色，中原諸國依賴的主力仍然是戰車部隊。

再回到吳的狀況，公元前 482 年吳王夫差在黃池（河南省封邱）與晉、周和魯會盟而跟晉國激烈爭取稱霸時，編制以「百人→一行、百行→一方陣」一萬人為單位的三個步兵部隊（《國語‧吳語》）。可見吳國完全採用以步兵為中心的軍隊編制。

吳國軍隊以步兵為中心的編制，在戰術方面也導致了一大變

革。與戰車相比，步兵較不受到地形約束，因此，作戰行動隨之自由變幻。換言之，步兵能夠容易突破戰車無法越過的森林、山岳、水澤等險地，而且還能利用當時地形，對敵人隱蔽己方行軍路線。

接著，步兵繼續活用這兩種優點建構複雜的戰術：將兵力分成幾個部隊進擊，一方面注意不讓敵人識破真正目的地，另一方面將兵力快速集中於預定目標地點；運用分進合擊而截斷敵軍各個擊破；以誘餌部隊讓敵人誤判攻擊目標的佯攻；將兵力隱藏在險地的奇襲或伏兵；隱蔽進軍而迂迴包圍敵軍或遮斷背後等。

結果，除了之前的兩軍對陣後之會戰樣式之外，還產生出完全使用詭計來謀畫的新戰鬥型態。欺騙敵人的詭詐和權謀已不只限於一場會戰，而是從開戰時期的選擇問題開始，到各部隊的出擊或移動、敵軍的捕捉或攻擊、軍隊的撤退等，詭詐和權謀覆蓋了軍事行動的一切。《孫子‧計》所稱「兵者詭道也」的兵學，就是在如此的背景下所建構的。

與此相比，由於〈曹沫之陳〉是在位居中原的魯國成立，濃厚地保存著中原傳統的戰車戰之型態。〈曹沫之陳〉所論述的兵法與《左傳》所記載的長勺之役相比，還顯露出更為古老的型態。

譬如說，在長勺之役擊破齊軍之後，莊公擬馬上追擊，但曹沫勸止他，而先確認齊軍的撤退不是偽裝或追擊路線上沒有伏兵之後，才准許魯軍追擊。也就是說，曹沫談到偽裝的撤退，這是《孫子‧軍爭》的「佯北勿從」一句所警告的「佯北」，意味敵人邊撤退邊配置伏兵而等待誘擊之的可能性。即使這只是在一個會戰的範圍內提出的，但這表示已經存在欺敵戰術的狀況。〈曹沫之陳〉中則看不到這種戰術的言論。由此觀之，與之以《左傳》所記載的長勺之役比較，其兵法揭示一種更為古老的型態。

　　莊公十年（公元前 684 年）夏天，齊國跟宋國再度聯合攻擊魯國，但公子偃不聽從莊公的制止而獨斷攻擊宋軍，在乘丘完全打敗宋軍。公子偃乘到達郎（註：地名）的宋軍還沒完成佈陣之際獲勝，這表示當時已經開始使用這種戰法，而《左傳·莊公十年》記載，魯軍又以「宋師未陳而薄之」的戰法，擊破爲了報復乘丘之敗戰而侵攻的宋軍。而且，還附帶著：「凡師，敵未陳曰敗某師，皆陳曰戰，大崩曰敗績，得儁曰克，覆而敗之曰取某師。」之解說，並暗示此種戰法並非罕見的例外。

　　公元前 638 年宋軍在泓水附近與楚國交戰，此時宋軍已經完成萬全之布陣，而楚軍正在渡河。於是，臣下進言應該乘此機會攻擊，但襄公說這是很卑鄙的戰法而拒絕，而等到楚軍渡河且完整陣列之後才開戰。[22] 結果宋軍大敗。此段故事後世以「宋襄之仁」之成語流傳。此事例表示，「未陳而薄之」的戰法逐漸一般化的同時，有些人尚將它蔑視爲違反戰士美學的想法。〈曹沫之陳〉中看不到這種奇襲戰術，而這一點也帶給人比《左傳》所記載的乘丘之戰更爲古老的印象。

　　然而，《左傳》所記載的長勺之役和〈曹沫之陳〉的兵法之間亦有許多共同點。在判斷能否向齊國開戰時，也和「民弗從也」的看法一致，將民眾的動向視爲重要的判斷依據。又如曹沫說「夫戰勇氣也。一鼓作氣，再而衰，三而竭。彼竭我盈。故克之。」，將勇氣當作會戰中決定勝敗的關鍵，趁著三度挑戰卻無法突破魯軍堅陣的齊軍氣勢竭盡的時機發出突擊命令，這也與重視勇猛突擊之〈曹沫之陳〉的主旨一致。

---

[22]　《左傳·僖公二十二年》。

　　總而言之,〈曹沫之陳〉的兵法以莊公或曹沫同時代的春秋時代前期（公元前 770 年～649 年）之狀況爲基礎；但,關於會戰的型態,繼承更古老的西周期（公元前 1100 年～771 年）的傳統；關於大量動員民眾而增加的兵數,採用更新的春秋後期（公元前 526 年～404 年）的狀況而成立。換言之,〈曹沫之陳〉顯示出新舊層次互相交疊的綜合性。

　　早年的古代中國兵法之研究,立足於不得不從現存最古老之兵法書《孫子》十三篇開始探討之出發點。不過,由於這篇〈曹沫之陳〉的發現,使我們終於能夠針對典型的中原兵學和在吳越等長江下游成立的兩種兵學,展開比較的研究了。

第三章

〈君子為禮〉與孔子素王說

一、〈君子為禮〉的解釋

《上海博物館藏戰國楚竹書（五）》收錄有〈君子為禮〉。在〈君子為禮〉中，吾人可以看到其發展為「孔子素王說」此一饒富深趣的記述。[1] 因此，筆者於本文中，擬先提出本人對〈君子為禮〉的解讀，然後探討〈君子為禮〉與孔子素王說的關係。

《上海博物館藏戰國楚竹書（五）》中，收有張光裕先生所寫的〈君子為禮〉釋文。現存的竹簡雖有 16 支，然完簡僅有 2 支，故多半為殘缺的竹簡。簡長是從 54.1 公分到 54.5 公分之間。編綫有三道，契口在右邊。此部竹簡本無篇題，故採擷第 1 簡中四個字稱之〈君子為禮〉。首先筆者將根據張光裕先生的釋文來介紹其原文。

　　顏淵侍於夫=子=（夫子。夫子）曰：「回，君子為禮，以依於仁。」顏淵作而答曰：「回不敏，弗能少居也。」夫子曰：「坐，

---

[1] 上海：上海古籍出版社，2005 年 12 月。

吾語汝。言之而不義，（1）

口勿言也；視之而不義，目勿視也；聽之而不義，耳勿聽也；

動而不義，身毋動焉。」顏淵退，數日不出▨……（2）

【問】之曰：「吾子何其惰也？」曰：「然，吾親聞言於夫子，

欲行之不能，欲去之而不可。吾是以惰也。」顏淵侍於夫＝子＝（夫

子，夫子）曰：（3）

……淵起，逾席曰：「敢問何謂也？夫子知而□信斯人，欲其

（4）

好。凡色毋憂、毋佻、毋怍、毋謠，毋……（5）

……正見毋側視。凡目毋遊，定見是求。毋欽毋去，聽之晉徐，

稱其衆寡（6）

……聽而秀。繁毋廢、毋痀，身毋偃、毋倩，行毋眠、毋搖，

足毋墜，毋高。其才……（7）

……廷則欲齊＝（齊齊），其在堂則……（8）

回，獨知人所惡也，獨貴人所惡也，獨富人所惡也。貴而能讓，

□斯人，欲其厈□□貴□……（9）

……昔者仲尼幾徒三人，寡徒五人，芫贄之徒……（10）

非非人。子羽問於子貢曰：「仲尼與吾子產孰賢？」子貢曰：

「夫子治十室之邑亦樂，治萬室之邦亦樂。然則……（11）

孰賢？」子貢曰：「舜君天下……（12）

……非以為己名，夫……（13）

……□非以己名，然則賢於禹也。契舜（14）

……豈與禹孰賢。子貢曰：禹治天下之川……（15）

……子治詩書……（16）

筆者接下來將分成五個部分加以解釋。

第一部分：第 1 簡、第 2 簡至第 3 簡之「墨鉤」前之部分

顏淵侍於夫=子=（夫子。夫子）曰：「回，君子為禮，以依於仁。」顏淵作而答曰：「回不敏，弗能少居也。」夫子曰：「坐，吾語汝。言之而不義，（1）
口勿言也；視之而不義，目勿視也；聽之而不義，耳勿聽也；動而不義，身毋動焉。」顏淵退，數日不出☒……（2）
【問】之曰：「吾子何其瘠²也？」曰：「然，吾親聞言於夫子，欲行之不能，欲去之而不可。吾是以惰也」

白話譯文：顏淵在孔子身旁服侍。孔子說道：「回啊！君子在實行禮時，必定以仁為實行的基準。」顏淵聽到孔子如此說道，立即起身回答：「學生的資質十分駑鈍，恐怕無法實踐老師的教誨。」孔子聽聞，說道：「坐下吧！讓我來告訴你。假使你所要說是不合乎義的話，那麼便要緊閉嘴巴，不要發表任何言論；假使你所要看的是不合乎義的事，那麼便要將自己的眼睛避開；假使你所要聽的是不合乎義的話，那麼便要將自己的耳朵掩上；假使你的行動是不合乎義的話，那便要好好管束自己的身體，勿使有所動作。」顏淵受到孔子如是教誨後，便退回自己的房間，經過多天都未曾出房門。……（擔心

---

² 原文為「膌」。釈文隸定為「惰」字。然而陳劍先生在〈談談『上博（五）』的竹簡分篇、排合與編聯問題〉（武漢：武漢大學簡帛研究中心「簡帛網」2006年 2 月 19 日）中指出，在〈季康子問於孔子〉有將「膌」字與「肥」字對比的例子。今從陳說定為「瘠」。

顏淵的門人們到他的住所探訪）問道：「你為了什麼苦惱而如此憔悴？」顏淵回答道：「是啊！我接受夫子的教誨，一心想實踐卻無法達成，因而就想將夫子的教誨拋諸腦後，然而卻又無法做到，所以我才會（在兩者之間取捨不定）顯得憔悴。」

第二部分：
第 3 簡「墨鉤」之後以及第 9 簡 A、第 4 簡、第 9 簡 B

　　張光裕先生所提示的竹簡排序就如上文所示；但陳劍先生懷疑此一序列，並提出「第 1 簡→第 2 簡→第 3 簡→第 9 簡→第 4 簡」此一序列提案。[3] 相對於陳劍先生此一看法，陳偉先生除了將第 9 簡分為「回，獨知人所惡也，獨貴人所惡也，獨富人所惡」（9A）與「也。貴而能讓，【則】斯人欲其長貴也。富而……」（9B）兩個部分，在此之上並提出了第 3 簡的「墨鉤」之後，乃是由所謂「第 9 簡 A→第 4 簡→第 9 簡 B」的此一排列提案。[4] 筆者認為陳先生的此一排列順序，基本上確實是較穩妥的見解。因此，下文將根據陳偉先生的排列提案而對之加以解釋。

　　顏淵侍於夫=子=（夫子，夫子）曰：（3）
　　回，獨知人所惡也，　獨貴人所惡也，獨富人所惡【也】……（9A）

---

　　[3] 陳劍：〈談談《上博（五）》的竹簡分篇、併合與編聯問題〉（武漢：武漢大學簡帛研究中心，「簡帛網」：2006 年 2 月 19 日。）
　　[4] 陳偉：〈《君子為禮》9 號簡的綴合問題〉（武漢：武漢大學簡帛研究中心，「簡帛網」：2006 年 4 月 16 日。）

……【顏】⁵淵起逾席曰：「敢問何謂也？夫子知而【能】⁶信斯人，欲其」（4）

也。貴而能讓，【則】⁷斯人欲其長貴也。富而……（9B）

譯文：顏淵在孔子身旁服侍。孔子說道：「回啊！學識淵博卻傲視睥睨他人的人，將會遭受眾人的憎恨；地位尊高卻無仁德之心的人，將會遭受眾人的憎恨；爲富不仁的人，將會遭受眾人的憎恨。……」……顏淵起身越過座位，說道：「學生大膽地請教老師所以如此說的意思爲何呢？夫子爲一位有智慧的人（不會欺騙他人），因爲誠實地待人接物，所以與您交往過的人們希望……」、「地位雖然尊貴，也以謙讓的態度對待他人，因此與您交往過的人們都希望您能長久地居於高位；雖然富有……」

第三部分：第 5 簡、第 6 簡、第 7 簡、第 8 簡

好。凡色毋憂、毋佻、毋怍、毋謠，毋……（5）

……正見毋側視。凡目毋遊，定見是求。毋欽毋去，聽之晉佁，稱其眾寡（6）

……聽而秀。縈毋廢、毋痀⁸身毋傴，毋倩，⁹行毋眂，毋搖，

---

⁵ 在第 9 簡 A 之結尾補入「也」字，並在第 4 簡的起首補入「顏」字。

⁶ 由於竹簡不清晰，釋文定爲「未釋字」，但考慮與後文的對應問題，本文補入「能」字。

⁷ 由於竹簡不清晰，釋文定爲「未釋字」，本文則補入「則」字。

⁸ 釋文解釋爲「痛苦」之意，但考慮其與前一句的對應，本文解釋爲「聳起肩膀」之意。

⁹ 釋文解釋爲「安靜」之意，但因《論語‧八佾》中有「巧笑倩兮，美目盼兮」一句，故本文解釋爲「微笑」之意。

足毋墜，毋高。其在……（7）
……【其在】¹⁰廷則欲齊=（齊齊），其在堂則……（8）

譯文：好。大凡臉色容貌不顯現出憂愁、輕佻淺薄、愧咎、得意忘形之態。……眼睛直視前方而不斜視，大凡眼神不飄移不定，對心中既定之事流露出堅定。即使不能容身於此處，也不從此處離開。若聽聞叫喚，則緩慢地前進，並視列隊人數多寡，來判斷其後即將行動的緩急。……聽而秀。不垂頭喪氣，不盛氣凌人。不蜷曲身體，不譏笑他人。行動必須全神貫注，不可搖擺不定。行走時腳不可在地上拖行，但也不能過於高舉。在……時要……。在朝廷之時，切記態度要嚴肅恭謹，在廟堂之上則要……。

第四部分：第 10 簡

關於第 10 簡在〈君子為禮〉中，究竟具有何種地位？至今仍無法明白。因此，筆者暫且置之，此處僅進行解釋。

……昔者仲尼篋徒三人，寅徒五人，芃贊之徒……（10）

過去，仲尼有三位優於……的門人，五位長於……的門人，善於……的門人……。

---

¹⁰ 因考慮其與後文的對應問題，本文補入「其在」二字。

第五部分：第 11 簡、第 15 簡、第 13 簡、第 16 簡、第 14 簡、第 12 簡

陳劍先生於〈談談《上博（五）》的竹簡分篇、拼合與編聯問題〉一文中，提出所謂：「第 11 簡→第 15 簡→第 13 簡→第 16 簡→第 14 簡→第 12 簡→〈弟子問〉第 22 簡」此一排列序位。雖然筆者不能認同最後附加上〈弟子問〉「第 22 簡」的觀點，但其他諸簡的排序可說是穩妥的見解。準此，筆者將根據陳先生的順序加以解釋。

　　非人子羽，[11]「仲尼與吾子產孰賢？」子貢曰：「夫子治十室之邑亦樂，治萬室之邦亦樂。然而【賢[12]於子產】（11）

---

　　[11] 原文為「非子人子羽」，但筆者認為前面的「子」可能是衍字，故刪除之。行人子羽指的是與子產同時代的公孫揮。關於公孫揮，《左傳》有「鄭行人公孫揮如晉聘，程鄭問焉，曰：『敢問降階何由？』子羽不能對」（襄公二十四年；公元前 549 年）或「公固予之，乃受三邑。公孫揮曰：『子產其將知政矣。讓不失禮。』」（襄公二十六年；公元前 547 年），「於子蟜之卒也，將葬，公孫揮與裨竈晨會事焉。過伯有氏，其門上生莠。子羽曰：『其莠猶在乎？』」（襄公三十年；公元前 543 年），「文子入聘。子羽為行人，馮簡子與子大叔逆客。」，「公孫揮能知四國之為，而辨於其大夫之族姓、班位、貴賤、能否，而又善為辭令。」，「產乃問四國之為於子羽，且使多為辭令。」（襄公三十一年；公元前 542 年）等等記述。據《左傳》之記載吾人可以確認子羽之活動的記述，以襄公三十一年（公元前 542 年）為其最後。相對於此，孔子被估計其生於公元前 552 年，歿於公元前 479 年。因此，子羽與孔子的人生確實有重疊，但其共同生活於世的期間，無論如何估計最長也差不多二十年左右。又子羽向子貢問道：「仲尼與鄭之子產誰比較優越？」的此種設定，必須以孔子的名聲已經傳遍的狀況為前提才能成立。因此，這樣的問答進行之際，不得不將之視為在孔子壯年以後。既然如此，子羽向子貢問孔子與子產誰優誰劣的此種設定是不合理的，故吾人無法相信此種問答實際上有進行過。
　　[12] 考慮其與第 14 簡中「然則賢於禹也」一句的對應問題，本文補入「賢於子產」四字。

矣。與禹孰賢。子貢曰：禹治天下之川……（15）

……□以為己名，夫……（13）

¹³子治詩書（16）

亦以己名，然則賢於禹也。與舜¹⁴（14）

孰賢？」子貢曰：「舜君天下……（12）

譯文：行人子羽（公孫揮）詢問子貢道：「仲尼與我鄭國的子產相比，誰較為賢能？」子貢回答道：「孔夫子不論是治理十戶大的村莊，或是治理一萬戶之大的國家皆感到滿足；由此看來，孔夫子較子產賢能。」「那麼若與禹相較，誰較為賢能？」子貢回答道：「禹治理天下河川，因此獲得自己的名聲；孔夫子編集《詩》、《書》，因此獲得自己的名聲。由此可知孔夫了較禹賢能。」「那麼舜與仲尼相比，何者較為賢能呢？」子貢回答道：「舜以天子的身分君臨天下……」

二、〈君子為禮〉的內容

蓋〈君子為禮〉的內容大致可以分成四個部分。第1簡、第2簡、以及第3簡的「墨鉤」之前此段部分，乃是關於顏淵實踐禮的故事。孔子向顏淵說明禮的實踐應該要根據仁，但因為顏淵回答自己愚昧完全無法實踐禮，於是，孔子進而告訴他更詳細的實踐方法。其方法是：「言之而不義，口勿言也；視之而不義，目勿視也；聽之而不義，耳勿聽也；動而不義，身毋動焉。」亦即以所謂：是

---

¹³ 第13簡下端與第16簡上端的殘破斷面之形狀相合。因此，此兩者原本可能是直接結合的。

¹⁴ 釋文定為「未釋字」，但本文隸定為「與」字。

否「不義」這一點為標準來抉擇行為的方法。

　　雖然首先說「君子為禮，以依於仁」，亦即以仁為禮之本。但後來卻又說應該以是否「不義」為行為標準，此一脈絡看似有所矛盾。筆者以為：作者可能設想到「禮←義←仁」此結構，大抵，作者的想法是：若要判斷在各種場合何種行動才合於禮，應該以其行為是義或不義為其標準，而判斷其是義或不義的標準，則應該以對別人的同情心，亦即以仁為標準。於是，顏淵閉關在家不出門，努力在心中練習且實踐之。但顏淵既無法實踐，同時又不能忘記老師的教訓，因此心裡感到懊惱。此一故事乃與以下所舉的《論語》內容有著密切的關係。

（A）顏淵問仁。子曰：「克己復禮為仁。一日克己復禮，天下歸仁焉。為仁由己，而由人乎哉？」顏淵曰：「請問其目。」子曰：「非禮勿視，非禮勿聽，非禮勿言，非禮勿動。」顏淵曰：「回雖不敏，請事斯語矣！」（〈顏淵〉）

（B）子曰：「回也，其心三月不違仁；其餘，則日月至焉而已矣。」（〈雍也〉）

（C）子曰：「吾與回言終日，不違如愚。退而省其私，亦足以發。回也不愚。」（〈為政〉）

（D）子曰：「回也，非助我者也！於吾言，無所不說。」（〈先進〉）

開頭的（A），在孔子與顏淵之間的問答著重並圍繞在仁這一點，顯現與〈君子為禮〉的故事有很大的共通性。而且，此說明結構是，從仁的概括性開始，接下來便指出如何進行仁的具體實踐方法，或

將仁與禮結合起來。還有（A）將視、聽、言、動等四個行為視為是實踐禮時的重點，又顏淵回答自己無能「不敏」。綜合上述諸條件，吾人可以看出〈君子為禮〉與〈顏淵〉中的內容之間有相當程度的類似性。

誠如（B）所描述的，在《論語》中所出現的門人，只有顏淵能夠三個月實踐仁，而且如（C）所言，認為顏淵聽聞孔子之教之後，還能實踐其教。相對於此，〈君子為禮〉則描述了一個既不能實踐孔子之教，又不能忘記其教，為此一直煩惱的顏回形象，此種顏回比較接近（D）所描述的顏回。亦即只要是孔子所說的話，什麼都相信而完全不會懷疑的愚直形象。

吾人現在並無法確定是什麼時期《論語》被編輯成今本的形態，但是〈君子為禮〉中有關顏淵的故事，若根據上述相當程度的類似性來判斷，吾人至少可以認定其是近（A）這類資料為基礎，並將其故事化而組成。因此吾人亦可說：在研究《論語》的成立過程時，〈君子為禮〉具有非常重要的線索。

接著是第3簡的「墨鉤」之後、第9簡A、第4簡、第9簡B此一段也是顏淵與孔子的問答。孔子對顏淵說：獨知、獨貴、獨富，無非將會受到眾人嫉妒而招人憎恨的形態。顏淵聽到此段話，逐興奮地提出異議說：孔夫子雖然是知者，但誠懇地接觸別人，所以絕對不會招人憎恨。

若僅根據殘存的簡書來解釋，孔子並沒有連接獨知、獨貴、獨富與自己。但既然顏淵將獨知與孔子連接起來，則吾人可以推測出：第9簡A或第4簡的殘缺部分，應該有記載著孔子自己將獨知、獨貴、獨富與自己連接起來說明的話語。不過問題是：即使孔子容易與獨知連結在一起，孔子卻很難與獨貴、獨富連結在一起。因為《論

語》中所記載的孔子,看來是魯之大夫。因此今姑且不談其真僞,「獨貴」或許可能與孔子還可以結合。[15] 但是,目前完全找不到將孔子與「獨富」相結合的必然理由。因爲竹簡缺損的部分相當多,所以關於此問題無法再進一步查證,只能說留有置疑的餘地。[16]

接下來是第 5 簡、第 6 簡、第 7 簡、第 8 簡。在這一段中,提到關於禮的具體實踐方法及詳細說明。此部分從臉色、容貌到身體的微小動作,一貫地被逐一規定,其在性質上,與前後問答形態的故事類有很大的差別。蓋誠如釋文所指出的,此部分很多是與《禮記》中的〈玉藻〉、〈曲禮〉、〈內則〉等諸篇有關聯的記述。故在探討《禮記》諸篇的成立年代時,成爲重要的線索資料。

最後的第 11 簡、第 15 簡、第 13 簡、第 16 簡、第 14 簡、第 12 簡此一段,乃是由子羽與子貢之間的問答所構成的故事,其中包含著往孔子素王說發展的有趣內容。因此,關於此一部分,筆者擬在下一節文章中加以探討。

三、與孔子素王說的關聯

行人子羽向子貢詢問:「仲尼與吾子產孰賢?」子羽特別說「吾子產」的理由是:誠如《左傳・襄公十二年》所謂:「鄭行人子羽」,

---

15 「以吾從大夫之後,不可徒行也。」(〈先進〉),「以吾從大夫之後,不敢不告也。」(〈憲問〉)

16 陳劍〈談談《上博(五)》的竹簡分篇、併合與編聯問題〉(武漢:武漢大學簡帛研究中心「簡帛網」2006 年 2 月 19 日)認爲第 4 簡的「智而□君,斯人欲其……」應該是夫子(孔子)的發言。基於陳先生的見解,在日本松江市舉行的戰國楚簡研讀會(2006 年 12 月 25 日~28 日)上,福田哲之先生指出,在第 4 簡的「夫子」一下應脫「曰」字,假如我們依此方向推想,「獨貴」並不針對孔子而言。如此,上述的疑問亦得以解決。

子羽就是出生在鄭國的人。對於子羽的質問，子貢回答說：「夫子治十室之邑亦樂，治萬室之邦亦樂。然則【賢於子產】矣。」不過，子貢的此段發言，留有幾個疑問。

第一個疑問：既沒有證明孔子治「十室之邑」的史料，遑論證明孔子作爲國君，治「萬室之邦」的史料。其中關於「十室之邑」，《論語‧公冶長》中有所謂：「子曰：『十室之邑，必有忠信如丘者焉。不如丘之好學也。』」此一記述。此記述本身雖然不表示孔子實際治過「十室之邑」的內容，但此篇的作者有可能擴大〈公冶長〉中的記述的解釋範圍，而捏造孔子治理過「十室之邑」此故事的可能性。

那麼另外一個「萬室之邦」指的到底是什麼？若假設一戶人家有五個人來算，則「萬室之邦」的人口有五萬人左右。若「萬室之邦」有五萬人的話，其邦國規模顯然比魯國小。既然如此，雖然稱爲「邦」，但實際上吾人可以假設其規模應該是將一個城邑以及其周圍相合起來的大小。

在此吾人可以想起的是，誠如《史記‧孔子世家》所言：「其後定公以孔子爲中都宰。一年四方皆則之。由中都宰爲司空，由司空爲大司寇。」此乃孔子被任命爲中都宰的記述。關於魯國之內有中都此一城邑，這點因《春秋》或《左傳》中完全找不到相關記述，所以亦無法獲得確認。因而，此部分的記述歷來便受懷疑，也許孔子統治中都此事，乃由當時孔內後學編造而成。所以，此「萬室之邦」的記述亦是以此一故事爲前提而被塑造。若如此，則吾人可以判斷出：僞裝（譯者註：對孔子的經歷加上重要政治職位之作業）孔子生平經歷的作業，在孔子過世之後不久便已開始。

　　第二個疑問點乃是:子貢只指出孔子的治績,而完全沒有提到子產的治績功勞。在此種情況下判斷,孔子較子產優越,作者為何採取此種不公平的論述結構?而子貢判定孔子比較優越的理由就在「樂」此點。若真是如此,則吾人就必須承認:子產雖然作為名宰相而被稱讚,但他在鄭國統治並不快樂,而是充滿憂患的。除非我們瞭解此一點乃時人的共識,否則無法如此斷定。

　　對子產而言,統治一個處於晉楚兩強之間且內亂不斷的鄭國,確實是很辛苦的事業。然而,這並不代表子產的痛苦呻吟與苦心孤詣,幾乎是一眾人周知的自明前提並且膾炙人口;事實上並無相關證據。因此,完全沒有提及子產的治績而判定孔子勝於子產的此一評述,不得不說是失衡的評判。筆者以為:作者大概無法有效地說明子產不如孔子這一點。

　　子羽接著問:孔子與夏之禹哪一位比較優越?(「與禹孰賢」)子貢回答說:「禹治天下之川,□以為己名,夫子治詩書亦以己名,然則賢於禹也。」禹與孔子皆獲得自身功名的此一共通評價,所以兩者的優劣應該從「禹治天下之川」與「夫子治《詩》、《書》」的差別中引導出來。換言之,子貢的論點是「治天下之川」的禹與「治《詩》、《書》」的孔子比較起來,孔子是較為厲害的。

　　然而,為何可以說「治《詩》、《書》」的孔子比「治天下之川」的禹優越呢?因為作者並沒有說明其立論根據,所以後人亦無法得知。若要特別推測其立論根據,筆者想像其根據或許是:由於禹的治水事業,天下人民因此可以安居而放心地過日子,在這種意義上是可以稱讚禹的功勞。但是,孔子所進行的《詩》、《書》的編輯事業是在闡明先王之道,對後世國君提供其應該遵照的教化準則,若以貢獻的角度來說,則孔子當然比較優越。也就是說,禹的治水事

業只不過是物質方面的恩惠；相形之下，孔子編輯《詩》、《書》的事業則是端正人倫精神方面的恩惠，所以相較起來孔子確實是比較優越。

接下來子羽問：孔子與舜誰比較優越？（「與舜孰賢」）對此質問，子貢回答的部分只留下了「舜君天下」四個字而已，詳細的內容並不清楚。不過，從整個對話結構來判斷，子貢的結論卻很容易想像，其回答應該也是「賢於舜也」，也就是說孔子比舜優越的答話內容。

其理由當然不甚清楚。但若推測其理由，吾人可以想像子貢所依據的判準便是：舜作為天子統治天下，擁有整個天下而博得名聲。相對於此，孔子連寸土的領地也沒有，但其名聲還超過舜。因此，孔子比較優越。

這段故事中，與孔子相較的人物，其次第乃是按照子產→禹→舜依序提高其位階的這種結構。第一位出現的子產（？～公元前 522 年）乃是作為鄭國名相而活躍的歷史人物。其他類似的人物，還可以指出作為宰相以輔佐齊桓公霸業的管仲（？～公元前 645 年）；在靈公、莊公、景公三代作為宰相輔佐齊國君主的晏嬰（？～公元前 500 年）；以及作為晉國大夫而對該國內政、外交方面留下顯著成績的叔向等。這對為政表示出特別執著的孔子而言，彼等無非就是實現理想人生的前輩，無非是孔子所憧憬、羨慕的對象。

孔子亦以獲得與彼等同樣地位為目標，周遊諸國，而要求各國君主起用自己，但最後卻連一位國君也沒有起用孔子。於是，孔子在理想無法實現之餘，對於得以一展長才的子產等諸賢，就從憧憬的對象突然一變為嫉妒、對抗的對象。

筆者認為：孔子的後學們，由於為了將現世上的順序在想像中

翻轉過來，以救濟終生不得志的孔子此種報仇之念，故虛構出如〈君子爲禮〉中此種孔子比子產優越的故事。〈君子爲禮〉的作者之設計是：先使得在內憂外患接踵而至的困難情況下，巧妙地領導鄭國之國政，而被譽爲名宰相的子產，與終生找不到名正言順之官職，且完全沒有治績的孔子相互比較，接著完全不涉及子產之治績，而對孔子附加虛構的治績。如此，勉強地斷下結論說：孔子比子產優越之故事，於焉成立。

而將禹與孔子相較，則又比與子產相比較更爲僭越。禹受舜帝之命致力施行治水事業，並安定九州。結果其功績被天下萬民承認，而接受舜的禪讓，成爲夏王朝的開祖。唐堯與虞舜以及創始夏、商、周三代王朝的禹、湯、文、武，便是安和地統治天下的理想古代帝王，是後世君王應該學習的模範，彼等總稱爲先王。將先王之一的禹，與僅僅是個匹夫的孔子一同比較，而探討其優劣的此種想法，其本身已是過度傲慢的僭越行爲，更何況是主張孔子比禹還優越，那就是荒謬絕倫的評論。

作爲孔子比禹優越的理由，竹簡資料指出的是「治《詩》、《書》」此點。「治」這個字也可以解釋爲「習得、學會」《詩》、《書》的意思，不過若將「治《詩》、《書》」此一孔子的行爲視爲相對於禹治水事業的功績，則將之理解爲孔子「整理」《詩》、《書》而「加以編輯」的意思應較爲穩妥。

誠如《史記・孔子世家》所謂：「孔子之時，周室微而禮樂廢，《詩書》缺。追迹三代之禮，序《書傳》，上紀唐虞之際，下至秦繆，編次其事……中略……故《書傳》、《禮記》自孔氏。」《史記》所記載的便是孔子整理古書記傳，重新編輯從唐虞到秦穆公的事績此事。又曰：「古者《詩》三千餘篇，及至孔子，去其重，取可施於

禮義，……中略……三百五篇。」《史記》亦記載著孔子對原本有三千篇的《詩》加以整理，重新編輯爲三〇五篇之事。此次藉由〈君子爲禮〉的發現，吾人可以釐清孔子編輯《詩》、《書》乃爲一虛構，以及孔子死後不久，便由其後學之徒捏造的事實。附帶一提的是：竹簡第16的「治《詩》、《書》」之後的部分由於有缺損，因此，或許其原本是寫成「治《詩》、《書》、《禮》、《樂》」或者「治《詩》、《書》、《禮》、《樂》、《易》、《春秋》」，吾人亦不能否定此種情形不無可能。[17]

　　然〈君子爲禮〉的僭越含意則漫延無止，最後竟到達將孔子與舜相互比較。若孔子真的比舜優越，那意味著孔子雖然表面上是個庶民，但其實卻是能夠凌駕先王的至高無上之存在。至此，筆者以爲其試圖建構孔子素王說的基礎架構已經相當充足。

四、孔子素王說的形成過程

　　在此，筆者整理將對孔子素王說被建構而成的過程。在《論語》中，孔子如是稱讚舜及禹：

（1）子曰：「巍巍乎！舜、禹之有天下也，而不與焉。」（〈泰伯〉）

（2）子曰：「無爲而治者，其舜也與！夫何爲哉？恭己正南面而已矣。」（〈衛靈公〉）

（3）子曰：「禹，吾無間然矣！菲飲食，而致孝乎鬼神；惡衣服，

17　《莊子・天運篇》有言曰：「丘治《詩》、《書》、《禮》、《樂》、《易》、《春秋》六經。」郭店楚簡《語叢一》有言曰：「《易》所以會天道人道也。」「《春秋》所以會古今之事也。」

　　而致美乎黻冕；卑宮室，而盡力乎溝洫。禹，吾無間然矣！」
　　（〈泰伯〉）

由此可知，孔子本身確實沒有將自己與舜或禹作比較，而認為自己
比先王優越的此種驕傲想法。不過從孔子在世時，子貢已經再三地
進行將孔子聖人化的動作：

（4）叔孫武叔毀仲尼。子貢曰：「無以為也，仲尼不可毀也。他人
　　　之賢者，丘陵也，猶可踰也；仲尼，日月也，無得而踰焉。人
　　　雖欲自絕，其何傷於日月乎？多見其不知量也！」（〈子張〉）
（5）太宰問於子貢曰：「夫子聖者與？何其多能也？」子貢曰：「固
　　　天縱之將聖，又多能也。」子聞之，曰：「太宰知我乎！吾少
　　　也賤，故多能鄙事。君子多乎哉？不多也。」（〈子罕〉）
（6）陳子禽謂子貢曰：「子為恭也，仲尼豈賢於子乎？」子貢曰：
　　　「君子一言以為知，一言以為不知，言不可不慎也。夫子之不
　　　可及也，猶天之不可階而升也。夫子之得邦家者，所謂立之斯
　　　立，道之斯行，綏之斯來，動之斯和。其生也榮，其死也哀。
　　　如之何其可及也！」（〈子張〉）

在（4）的部分，子貢說「仲尼日月也」，將孔子比擬成太陽或月亮。
蓋無論怎麼努力，任誰也無法跨越過在天空照耀的日月。若孔子像
日月一般的存在，則世間絕對無人能夠誹謗孔子。相對於孔子，其
他賢者不過是像丘陵般的存在。雖然比平地高一點，但還是有人可
以踩過他，這就是子貢的論點。既然如此，只不過「他人之賢者」
之一的鄭之子產，當然不能與孔子相比，因此〈君子為禮〉的作者

主張「賢於子產」也就不足爲怪。

　　接下來，在（5）的部分，子貢主張孔子乃是「天縱之將聖」。也就是說，子貢將孔子看作是爲了統治天下人民，而被派上天到地上的聖人。在（6）的部分，子貢將孔子比擬爲天，稱讚孔子是我們絕對無法達到的至高存在。而且，子貢強調：孔子若獲得國家君主的地位，一定會實現理想的統治。

　　如此，子貢針對學團之外的人所施加於孔子的批判與對抗，負責極力宣傳孔子等於天、日月、聖人的任務。從這個角度來看，在〈君子爲禮〉中，主張孔子比舜、禹、子產優越的人物便是子貢，此一事實並非偶然。

　　既然孔子在世時，已經開始由子貢將孔子聖人化的舉動，則孔子死後此舉仍在學派內持續進行。《墨子・公孟》中有可以證明此一事實的記述：

　　公孟子謂子墨子曰：「昔者聖王之列也，上聖立爲天子，其次立爲卿大夫。今孔子博於《詩》、《書》，察於禮樂，詳於萬物，若使孔子當聖王，則豈不以孔子爲天子哉。」子墨子曰：「夫知者，必尊天事鬼，愛人用節，合焉爲知矣。今子曰孔子博於《詩》、《書》，察於禮樂，詳於萬物，而曰可以爲天子，是數人之齒而以爲富。」（〈公孟〉）

蓋墨子乃是孔子歿（公元前 479 年）後過了三十年左右，才開始活動的思想家，因此，吾人可以合理地認爲公孟子應該是孔子再傳或

三傳的弟子。[18] 此公孟子對墨子如是說道：古時候，聖王規定位階時，將上聖等級的人物任命爲天子，第二等級的人物任命爲卿、大夫。孔子博通《詩》、《書》，精通禮樂，熟悉萬物。所以如果孔子出生在聖王那時代，誠如堯將其王位傳給舜，舜將其王位傳給禹，哪有可能不讓孔子當天子的道理。

對此，墨子回答說：實行「尊天、事鬼、愛人、節用」的人才可以稱爲知者，現在你（公孟子）說因爲孔子博通《詩》、《書》，精通禮、樂，熟悉萬物，所以在當時理應爲天子。但是如果你如是主張，其心態就像是計算著別人的借據，而將之認定是自己的財產一樣。

蓋《詩》、《書》原本是先王治績的記錄，禮或樂亦是創建王朝的先王所創作的，而萬物是天地所產生的，無論怎麼熟悉別人的創作發明，還是不能將其爲是自己的作品。因此，墨子諷刺地說：自己什麼都沒有創作，卻主張因爲熟悉別人的業績，所以應該當天子。這與計算別人的借據，而誤會成是自己的財產此種心態有什麼兩樣？吾人必須注意的是：〈公孟〉的此段記述，在本文截至此處爲止所介紹的資料中，是第一次指出說：歷史上孔子王朝應該被實現的觀點。

公孟子之後，接著試圖提高孔子地位的，是被視爲孔子之孫的子思以及其門人所作的《中庸》。誠如《中庸》有所謂的：「仲尼祖述堯舜，憲章文武，上律天時，下襲水土；辟如天地之無不持載，無不覆幬。辟如四時之錯行，如日月之代明。」《中庸》編述者將祖述堯、舜、文、武之道的孔子比擬爲天地、四時、日月，而表揚孔

---

[18] 墨子的活動時期，估計大約是在公元前 450 年到公元前 390 年左右。關於此點，詳參拙著：《墨子》（東京：講談社學術文庫，1998 年）〈解說〉。

子偉大的面向。亦即孔子雖然沒有天子的地位，但他卻能成爲天下
人民皆遵從的典範、法則而君臨天下的王者。編述者的目的就在承
認孔子雖然無冠，但卻能接連到堯、舜、文、武此一古代先王之列，
實際上就如同已作爲王者統治天下此點。

　　編述者更進一步地主張：「唯天下至聖為能聰明睿知足以有臨
也。」在此，編述者意圖在於闡述：只有成爲天下之至誠的孔子，
才真正有作爲天子統治天下的資格，也因此孔子實際上已成爲王者。

　　接下來編述者說：成爲「天下至聖」，而且生來「聰明聖知」而
「達天德者」的孔子，只有他才有可能成爲王者而能夠治理天下。
當然，孔子作爲王者而統治天下的形態是與一般的王者不同的。孔
子無位無冠地「經綸天下之大經，立天下之大本，知天地之化育」，
作爲萬世師表、規範而君臨天下。

　　此種孔子的人生，若只關注其「無位無冠」此一歷史現實，則
其人生看起來暗然且不遇。不過，作爲人類永遠的規範、法則而君
臨天下的孔子，其偉大的地方就在「君子之道闇然而日章。小人之
道的然而日亡。」這一點。也就是說：孔子隨著時間的推移，將會
越來越增加其光輝，開始顯露其作爲王者的真正面目。

　　接下來，編述者說明作爲無冕之王者的孔子之統治形態。君子
不依靠號令或賞罰等外在的統治方法，而是藉由其自己內在的道
德，自然而然地顯露出來，而達到「不動而敬，不言而信」的理想
狀態。此可謂無爲、無言的統治形態。因此，誠如所謂「君子不賞
而民勸，不怒而民威於鈇鉞」，沒有以鈇鉞的威力爲背景而來號令天
下，就登上天子之位的孔子，乍看之下，雖然沒有做爲天子，君臨
天下，不過，實際上其作爲百君所應根據的典範法則，實際上施行
了「不大聲以色」、「君子篤恭而天下平」此種沉默的德治。

　　《中庸》整篇的編述意圖，在主張未曾受命為聖人的孔子，不外乎是一無冠之王者。對為孔子之直系而自負的子思學派而言，此主張是有特別迫切的意義，彼等藉由此種作法而將孔子加以聖人化，使孔子冒充成王者。[19]

　　繼《中庸》之後試圖提高孔子的地位，乃是學於子思之門人的孟子。相對於採取委婉表現形態的《中庸》，孟子以一種明快易解的說法，主張孔子素王說：

> 「伯夷、伊尹於孔子，若是班乎？」曰：「否；自有生民以來，未有孔子也。」「然則有同與？」曰：「有。得百里之地而君之，皆能以朝諸侯，有天下；行一不義，殺一不辜，而得天下，皆不為也。是則同。」曰：「敢問其所以異。」曰：「宰我、子貢、有若，智足以知聖人，污不至阿其所好。」宰我曰：「以予觀於夫子，賢於堯、舜遠矣。」子貢曰：「見其禮而知其政，聞其樂而知其德，由百世之後，等百世之王，莫之能違也。自生民以來，未有夫子也。」有若曰：「豈惟民哉？麒麟之於走獸，鳳凰之於飛鳥，泰山之於丘垤，河海之於行潦，類也。聖人之於民，亦類也。出於其類，拔乎其萃，自生民以來，未有盛於孔子也。」（《孟子・公孫丑上》）

孟子藉宰我、子貢、有若之口，讚不絕口地說：孔子才是遠遠超過堯、舜的聖人中之聖人，是人類誕生以來無可倫比的人物。〈君子為禮〉認為孔子比禹、舜優越，但孟子更加大其溢美的程度，在沒有

---

　　[19] 關於《中庸》的編述目的，詳參拙著：《孔子神話》（東京：岩波書店，1997 年）第三章第二節「『中庸』における孔子の聖人化」。

說明理由的情況下，便直接斷言孔子「賢於堯舜遠矣」。其實，若孔子是人類誕生以來超群的最高存在，則任何先王也無法匹敵作為百世君王之典範的孔子，乃理所當然之事。

孟子又說：伯夷、伊尹、孔子三者，若獲得百里四方的領地而登上國君之地位，便可以使諸侯們自動入朝於自國而成為天子，樹立自己的王朝。所謂百里（四十公里）四方的國家，指的是由一個城邑以及其周圍此等級規模所構成的國家，從當時的標準而言，是非常小的國家。不過，若孔子能獲得其小國的君主地位，諸侯們必定敬慕孔子之德，亦將完全改變其歷來將周視為王室的態度，競相入朝於孔子之朝廷。到那時，周王朝將被廢棄，新的孔子王朝亦於焉成立，孔子立刻作為天子而擁有天下。以上就是孟子所描述的孔子王朝成立的梗概。

然而，孔子究竟具有何種能夠擔當天子的資格？關於此點，孟子說明道：「孔子懼，作《春秋》。《春秋》，天子之事也。是故孔子曰：『知我者，其惟《春秋》乎！罪我者，其惟《春秋》乎！』」（〈滕文公下〉）。也就是說，孔子著作本來屬於「天子之事」的《春秋》，因此孔子具有當天子的資格。孟子並且說道：「由文王至於孔子，五百有餘歲。」（〈盡心下〉）「五百年必有王者興。其間必有名世者。」（〈公孫丑下〉）亦即。有以五百年為周期，新的王者必將興起，舊王朝也將被取代的此種曆運上的法則。若根據此一法則判斷，則周王朝創建之後業已經過五百年的現在，既然孔子出現了，則孔子無非是應該創建取代周之新王朝的王者。[20]

---

[20] 關於此點，詳參拙著：《孔子神話》第三章第3節「孟子による孔子王者說と春秋著作說」。

　　既然有如此完美的資格,則理當有某個國君因為敬服孔子,而將自己的國家轉讓給孔子或者割讓部分領土給孔子,賦予其國君之地位等等。亦即若透過某些種形式,使孔子有機會獲得國君之地位,則其後孔子偉大的道德力量應該自然而然地使孔子王朝得以成立。不過,實際上,在歷史現實中,孔子王朝並未實現,更遑論是登上天子之位,孔子作為一介匹夫亦在落魄中終其人生。究竟為何會有如此結果?孟子在〈萬章上〉也如下地說明其原因:

> 匹夫而有天下者,德必若舜禹,而又有天子薦之者,故仲尼不有天下。(〈萬章上〉)

依孟子而言,孔子王朝無法成立的原因就在孔子沒有獲得天子的推薦此點。此種理解與認為「若使孔子當聖王,則豈不以孔子為天子哉?」的公孟子是同樣的邏輯。

　　孟子之後,在戰國後期(公元前 282 年～221 年)活動的荀子,則如下表揚孔子的偉大之處:

> 無置錐之地,而王公不能與之爭名,在一大夫之位,則一君不能獨畜,一國不能獨容,成名況乎諸侯,莫不願以為臣,是聖人之不得埶者也,仲尼、子弓是也。(〈非十二子〉)

荀子在〈解蔽〉也說:

> 孔子仁知且不蔽,故學亂術足以為先王者也。一家得周道,舉而用之,不蔽於成積也。故德與周公齊,名與三王並。

荀子說孔子雖然未能擁有僅能立錐的狹窄領土，但任何王公也無法
與孔子的名聲相比美。荀子以名聲的獲得爲標準，試圖讓孔子與其
他王公在現實上的地位互爲翻轉。荀子並且認爲孔子之德等於周公
旦，其名聲足以與禹、湯、文、武相匹敵，荀子顯然是將孔子與先
王列爲同格。荀子雖然將孔子與先王如此比較，但他並未像孟子那
樣主張孔子遠遠超越堯、舜。其實在荀子心中，崇拜孔子的念頭並
沒有像孟子那麼強。因此，吾人在《荀子》書中亦沒看到以孔子王
朝之成立爲理想的此一思考。

　　也許是反映此種荀子本身的態度，在成於後學之手的〈堯問〉
中，誠如所謂的：「爲說者曰，孫卿不及孔子。是不然。」、「觀其善
行，孔子弗過。」、「天下不治，孫卿不遇時也。德若堯禹，世少知
之。」、「嗚呼賢哉，宜爲帝王，天下不知。」基於對孔子的對抗意
識，〈堯問〉所主張的卻是：荀子本人才應該成爲帝王、應該創建荀
子王朝。

　　與荀子的活動時期大致同期之際，莊周的後學們則開始使用
「素王」此一詞彙。在傳世文獻中，最早出現「素王」一詞的文獻
乃是下文所舉的《莊子·天道》：

　　夫虛靜恬淡寂漠無爲者，萬物之本也。明此以南鄉，堯之爲君
　　也；明此以北面，舜之爲臣也。以此處上，帝王天子之德也；
　　以此處下，玄聖素王之道也。（〈天道〉）

〈天道〉之作者在明確認識到萬物之根本乃是「虛靜恬淡寂寞無爲」
的同時，即明確地認識到所謂：君臨天下者，此乃帝王、天子之德；

但其同時也以爲所以成爲一介平民，此乃玄聖、素王之道。若由此一內容判斷，「玄聖」或「素王」等語原本或恐是由莊周後學所創造出的用語。不過，這只根據現存的傳世文獻作的推測，吾人亦不能否定有可能在更早以前，便已出現使用「玄聖」或「素王」等詞語。

　　時入漢代，藉由春秋公羊學前文所介紹的所謂認爲孔子王朝原本是應該實現的此一看法和此「素王」概念相結合起來，於是孔子素王說便以一種明確的形態而被加以提倡：

　　太史公曰：「余聞董生曰：『周道衰廢，孔子為魯司寇，諸侯害之，大夫壅之。孔子知言之不用，道之不行也，是非二百四十二年之中，以為天下儀表，貶天子，退諸侯，討大夫，以達王事而已矣。』（《史記・太史公自序》）

　　孔子作《春秋》，先正王而繫萬事，見素王之文焉。（《漢書・董仲舒傳》）

根據司馬遷的記載，司馬遷曾聽聞董仲舒說：孔子對《春秋》加一字褒貶之筆誅，貶天子、退諸侯、討大夫而達成王者之事業。如同《史記》此項記載所言，董仲舒在回答武帝之策問的天人對策中亦說道：孔子於《春秋》中開示了素王之文章。行文至此，吾人可以發現：所謂孔子作爲素王而開創孔子王朝，以王者之姿而君臨天下的孔子素王說已然完成。[21]

---

　　[21] 關於此一問題點之詳情，請參考拙著：《孔子神話》第四章第 3 節「董仲舒の孔子素王說」以及第五章第 3 節「緯書と孔子素王說」。

　　由此看來，可知孔子素王說是按照以下之順序而被形構完成的：

（1）孔子比先王優越。
（2）既然先王開創王朝，孔子也應該成為王朝之始祖。
（3）既然如此，然孔子王朝為何沒有實現？
（4）究其原因就在孔子沒有當國君，又沒有獲得天子的推薦此點。
（5）不過，實際上孔子做為素王而君臨天下，故孔子王朝確有實現存在過。

　　當然，孔子素王說的理論化，並不是直線而簡單地發展，而是以迂迴曲折的路徑完成的。因此，賦予孔子天子之資格的作法也參差不齊。諸如編輯《詩》、《書》；著作《春秋》；曆運的理法；名聲與先王匹敵；等同於天或日月的人類之最高存在等等，其將孔子視為天子的根據、理由可以說是各式各樣的。

　　上文所揭舉的（1）到（5）的順序中，（4）與（5）之間有著很大的飛躍。也就是說，孔子王朝沒有實現的此一事實乃是非常可惜的事。此一怨艾的層次主張其實與孔子作為素王而君臨天下的此一妄想的層次之間，確實有著相當大的距離。筆者認為：認為孔子作為永遠的典範、法則而進行沉默之統治的《中庸》看法，與認為孔子著《春秋》而成為王者的此一公羊學所立足的立場，兩者之間藉由「素王」概念並以此為媒介而結合起來，遂產生巨大的變化，而促進了孔子素王說的成立。

　　若放在孔子素王說之成立過程中來看，則〈君子為禮〉乃處於孔子比先王優越的（1）的階段，為賦予孔子天子之資格，其所採取的理由便是提出孔子編輯《詩》、《書》的此一方案。而且為孔子捏

造虛構之治績，堪稱爲是將孔子視爲素王而君臨天下之構思的萌芽期之思想形態。蓋上博楚簡便是戰國中期（公元前 342 年～282 年），亦即公元前 300 年左右的抄本，原著的成立時期應該追溯到更早期。[22] 因此，本文透過〈君子爲禮〉的發現，吾人可以確認的是：孔子素王說的原型，從春秋末期到戰國前期（公元前 403 年～343 年）之間，已經由儒家形構的這一事實。[23]

　　當然，子貢試圖對抗孔子批判的宣傳活動，以及誠如「子疾病，子路使門人爲臣。」（《論語・子罕》）此種子路試圖將孔子視爲國君而埋葬的僞裝活動，亦可以視爲〈君子爲禮〉的先例。吾人或許亦可進一步指出：「子曰：『管仲之器小哉！』」（〈八佾〉）「如有用我者，吾其爲東周乎？」（〈陽貨〉）或「子曰：『雍也可使南面。』」（〈雍也〉）等諸如此類公然揚言而毫無忌憚之孔子思想性質本身，便已包涵日後孕育出孔子素王說的思想種子。

---

22 關於上博楚簡的成立年代，詳參淺野裕一編：《竹簡が語る古代中國思想──上博楚簡研究──》（汲古選書 42，東京：汲古書院，2005 年）「まえがき」也參見《戰國楚簡研究》（台北：萬卷樓，2004 年），「序章」。
23 徐少華先生於〈論《上博五・君子爲禮》的編聯與本文結構〉文中下結論說道：「〈君子爲禮〉的內容乃是反映戰國中晚期各學派的對立日趨加劇之狀況下的產物。不過筆者以爲：若〈君子爲禮〉的原著乃是受戰國中晚期之狀況的影響所抄寫的，則上博楚簡〈君子爲禮〉的抄寫年代估計應爲秦漢期。然此一看法與前述的考古學上的見解可說是完全不相容的，故根本站不住腳。」（此文收入於《新出楚簡國際學術研討會會議論文集（上博簡卷）》。武漢：武漢大學，2006 年 6 月）

第四章

〈鬼神之明〉與《墨子・明鬼》

一、〈鬼神之明〉的原文

　　馬承源主編《上海博物館藏戰國楚竹書（五）》中收錄了《墨子》佚文之〈鬼神之明〉。這是郭店楚簡與上博楚簡等戰國楚簡中首次出土發現墨家相關文獻。本文即考察〈鬼神之明〉的發現給墨家思想研究帶來之影響。

　　〈鬼神之明〉現存竹簡5支。然而〈鬼神之明〉終止於第5簡上段中所記墨節之前，墨節之下則抄由整理者命寫由整理者命名為〈融師有成氏〉之別篇文字。第1簡、第2簡、第4簡、第5簡係上段與下段綴合，其中第1簡、第2簡文字無損、為整簡，第4簡和第5簡的上端分別有相當於4、5字之殘缺。此外，第3簡中間是無有折斷、文字相連續之簡，但上端還有5字之殘缺。所倖者第3簡、第4簡、第5簡殘缺部分均可依據前後文脈推定其文字，是以實際將殘缺部分文字可悉數補全。看情形第1簡本非該篇原來首簡，料想此前當有文章存在，可惜殘缺不可知了。

　　第1簡中間約有八字之留白。蓋全篇書寫結束之後，意識到此

為誤寫而削去所致。因此留白部分之前後文文意仍然相連續。又第
2 簡墨節處有脫落部分。蓋全篇書寫完畢之後發現有誤,乃於此處
施以墨節,並於第 2 簡背補寫脫落內容。簡長據〈融師有成氏〉之
整簡則為 53 公分,編綫三道。殘存字數為 197 字。

　　先將〈鬼神之明〉原文抄錄如下:

> 今夫鬼神有所明有所不明、則以其賞善罰暴也。昔者堯舜禹湯,
> 仁義聖智,天下法之。此以貴為天子,(1)富有天下,長年有
> 譽,¹ 後世述之,則鬼神之賞,此明矣。及桀受幽厲,焚聖人,
> ² 殺諫者,³ 賊百姓,亂邦家▄ 〔此以桀折於鬲山,而受首於
> 岐社,〕身不沒為天下笑,則鬼▄ (2)【神之罰,此明】矣。
> 及伍子胥者,天下之聖人也,鷗夷而死。榮夷公者,天下之亂
> 人也,長年而沒。汝以此詰之,則善者或不賞,而暴(3)【者
> 或不罰,故】吾因嘉。鬼神不明,則必有故。其力能至焉而弗
> 為乎。吾弗知也。意其力故不能至焉乎。吾或弗知也。此兩者
> 岐。吾故」(4)【曰,鬼神有】所明有所不明。此之謂乎▄

上文大意:我認為鬼神之有所明有所不明之原因在於其賞善罰暴。

---

　　¹ 《上海博物館藏戰國楚竹書（五）》收錄曹錦炎先生釋文,隸定作「舉」
字,而此改從廖名春:〈讀《上博五·鬼神之明》篇札記〉(武漢:武漢大學簡
帛研究中心,「簡帛網」:2006 年 2 月 20 日)所釋「譽」字。《墨子·尚賢中》
有「萬民從而譽之曰聖王,至今不已」,〈非命下〉有「遂得光譽令聞於天下」,
是其補證。
　　² 釋文作「焚」,此從廖名春:〈讀《上博五·鬼神之明》篇札記〉解作「僨」
字,釋為斃、殺之義。
　　³ 釋文作「訐」,此改從廖名春:〈讀《上博五·鬼神之明》篇札記〉所釋
「諫」字。

古昔之堯、舜、禹、湯，仁義聖智，爲天下之人所景仰，以爲楷模。是以貴爲天子，富有天下，聲名歷久不衰，後世稱頌。以此明知鬼神之賞善。而桀、受、幽、厲，戮聖人、殺諫者、殘虐百姓，禍亂國家。是以桀腰斬於鬲山，而受首級懸於岐社，不得盡天壽，爲天下人笑。以此明知鬼神之罰暴。

然而伍子胥雖爲天下之賢人，卻身裹革囊沉於水澤，不得善終；而榮夷公爲天下之亂，卻保養天年，壽終而亡。你若舉此例詰問我，認爲善人亦有不得鬼神之賞，而暴人亦有不得鬼神之罰者，我以爲也是事實。

但鬼神之不明必有其原因。是其力所能而終不至哉？此我所不知；抑或以鬼神之力亦不足以至哉？此亦我所不知。以過往之歷史事例言之，可分爲鬼神之賞善罰暴與不賞善、不罰暴。我所言鬼神之有所明、有所不明者，則以此也。

二、〈鬼神之明〉是否爲墨家文獻？

〈鬼神之明〉中並未直接稱引墨子之名。既然如此，何以將〈鬼神之明〉定爲墨家文獻？蓋因〈鬼神之明〉文章內容與《墨子》之內容有極類似者。權將諸文枚舉如下：[4]

(A) 然則富貴爲賢，以得其賞者誰也？曰若昔者三代聖王堯、舜、禹、湯、文、武者是也。所以得其賞何也？曰其爲政乎天下也，兼而愛之，從而利之，又率天下之萬民以尚尊天、事鬼、

---

[4] 下文引用《墨子》文字據孫詒讓：《墨子閒詁》（北京：中華書局，1954年）。據引文中有《閒詁》或瞥見更易文字處，茲暫且省略逐一注記。

愛利萬民，是故天鬼賞之，立為天子，以為民父母，萬民從
而譽之曰「聖王」，至今不已。則此富貴為賢，以得其賞者
也。然則富貴為暴，以得其罰者誰也？曰若昔者三代暴王桀、
紂、幽、厲者是也。曰，何以知其然也？曰其為政乎天下也，
兼而憎之，從而賊之。又率天下之民，以詬天侮鬼，賊傲萬
民。是故天鬼罰之，使身死而為刑戮，子孫離散，室家喪滅，
絕無後嗣，萬民從而非之曰「暴君」，至今不已。則此富貴
為暴，而以得其罰者也。（〈尚賢中〉）

（B）子墨子言曰：昔三代聖王，禹、湯、文、武，此順天意而得
賞也。昔三代之暴王，桀、紂、幽、厲，此反天意而得罰者
也。然則禹、湯、文、武，其得賞何以也？子墨子言曰：其
事上尊天，中事鬼神，下愛人，故天意曰：「此之我所愛，
兼愛之；我所利，兼利之。愛人者此為博。利人者此為厚焉。」
故使貴為天子，富有天下。業萬世子孫，傳稱其善，方施天
下，至今稱之，謂之聖王。然則桀、紂、幽、厲得其罰何以
也？子墨子言曰：其事上詬天，中誣鬼，下賊人，故天意曰：
「此之我所愛，別而惡之，我所利，交而賊之。惡人者此為
之博也，賊人者此為之厚也。」故使不得終其壽，不歿其世，
至今毀之，謂之暴王。（〈天志上〉）

（C）上稽之堯、舜、禹、湯、文、武之道，而政逆之。下稽之桀、
紂、幽、厲之事，猶合節也。（〈節葬下〉）

（D）昔者禹、湯、文、武方為政乎天下之時，曰：「必使飢者得
食，寒者得衣，勞者得息，亂者得治。」遂得光譽令聞於天
下。……中略……然今以命為有者，昔三代暴王桀、紂、幽、
厲，貴為天子，富有天下，於此乎，不而矯其耳目之欲，而

從其心意之辟，外之歐騁、田獵、畢弋，內湛於酒樂，而不顧其國家百姓之政，繁為無用，暴逆百姓，遂失其宗廟。(〈非命下〉)

(E) 昔者堯、舜、禹、湯，仁義聖智，天下法之。此以，貴為天子，(1) 富有天下，長年有譽，後世述之，則鬼神之賞，此明矣。及桀、受、幽、厲，焚(僨)聖人，殺諫者，賊百姓，亂邦家■。【此以桀折於鬲山，而受首於岐社，】身不沒為天下笑，則鬼(2)【神之罰，此明】矣。(〈鬼神之明〉)

上文(A)文列舉堯、舜、禹、湯、文、武與桀、紂、幽、厲，將之分屬受天賞之聖王與受天罰之暴君。(B)文亦分別對比禹、湯、文、武與桀、紂、幽、厲之屬。(C)與(A)相同，分別列舉堯、舜、禹、湯、文、武與桀、紂、幽、厲。(D)則與(B)相同，列舉禹、湯、文、武與桀、紂、幽、厲。

聖王之屬或列舉禹、湯、文、武四人，或列舉堯、舜、禹、湯、文、武六人，表現出兩種範型；而暴王之屬則固定為桀、紂、幽、厲四人之單一範型。與此相類似，對比列舉受鬼神之賞的堯、舜、禹、湯與受鬼神之罰的桀、紂、幽、厲，亦見於(E)即〈鬼神之明〉之中。以夏桀王與殷紂王為暴虐之君作代表之例，習見於《孟子》、《莊子》、《荀子》、《韓非子》等先秦文獻。然而桀、紂之上更加入周幽王與厲王，[5] 以此四人一組作為暴王代表進行非難者，則

---

[5] 幽王為西周最後一位王。廢妃申后與太子、為博取愛姬一笑，虛燃烽火召集諸侯，施亂政失人心，為申后之本家申侯與西夷、犬戎所攻，被殺於驪山麓。後周平王東遷都於雒邑。厲王為幽王前二代之周王。施暴虐恐怖之政背棄民眾，遭流放客死出奔之地。此後周歷經共和之制——貴族合議體制之後，宣王即位。宣王之子即幽王。

爲《墨子》頗爲特異之表現。〈鬼神之明〉文中有此種特異表現,可視爲〈鬼神之明〉爲墨家文獻之佐證之一。

此外,(A)文中所列舉三代聖王所受到天賞之具體內容:「立爲天子,以爲民父母」與「萬民從而譽之曰聖王,至今不已」,即獲得天子地位與直至末代享其聲名二點;(B)文亦列舉天賞之內容爲「貴爲天子,富有天下」與「世萬葉子孫,傳稱其善,方施天下,至今稱之,謂之聖王」二點;(D)文亦列舉「遂得光譽令聞於天下」,即獲取聲名之事。而(E)〈鬼神之明〉亦列舉鬼神之賞的具體內容爲:「貴爲天子,富有天下」與「長年有譽,後世述之」二點,與(A)文、(B)文、(D)文三者極類似。

關於三代暴王所受到天罰之內容,(A)文列舉有「身死而爲刑戮,子孫離散,室家喪滅,絕無後嗣」與「萬民從而非之曰暴王,至今不已」,即遭受處死、滅其社稷與後世亦蒙受惡評二點;(B)文列舉天罰之內容與之大略相同:「不得終其壽,不歿其世」與「至今毀之,謂之暴王」;(D)文亦列舉「遂失其宗廟」、斷絕宗廟之祀。而(E)文〈鬼神之明〉亦列舉鬼神之罰內容爲「身不沒」與「爲天下笑」二點,同樣顯示出與(A)文、(B)文、(D)文強烈類似性。

因此,《墨子》與〈鬼神之明〉文字在以下三點內容有極強之共通性:①將堯、舜、禹、湯或者禹、湯、文、武與堯、舜、禹、湯、文、武或桀、紂、幽、厲對比之構圖;②以獲得天子地位與後世享其聲名爲上天或鬼神之賞;③以宗廟、社稷之斷絕與末代蒙其污名爲上天或鬼神之罰。就此共通性判斷,〈鬼神之明〉列入墨家著作毫無問題。又展開對鬼神之明或不明之議論者,先秦之際唯有墨家。職是之故,亦可斷定〈鬼神之明〉殆爲墨家文獻。

三、〈鬼神之明〉與《墨子》

據前節所論，可推斷說〈鬼神之明〉當屬墨家文獻。不過今本《墨子》收錄者分別有（1）〈親士〉以下七篇；（2）〈尚賢上〉以下十論二十三篇；（3）〈非儒下〉；（4）〈經上〉以下〈墨辯〉六篇；（5）〈耕柱〉以下傳說類五篇；（6）〈備城門〉以下守城法十一篇等，形式與內容特點各異之諸篇。是以〈鬼神之明〉當屬於上述分類中之何種文獻？根據其文中討論鬼神明或不明之內容，首先聯想到〈鬼神之明〉或許為已散佚的〈明鬼上〉或〈明鬼中〉的一部分。本節即就其與《墨子》中諸篇之比較，探討此推測是否妥當。

該文中有云「汝以此詰之」，顯示有涉及他者相互問答之內容，是可以斷定〈鬼神之明〉乃是採取問答體作為議論之形式。不過就現存竹簡內容言之，「汝」並沒有直接發言內容，實則話語者僅限「吾」一人。而以「吾因嘉」出場之說話人，可推定為墨子。

據文脈判斷，第1簡之前當有批判墨子明鬼論的內容：某氏針對墨子之明鬼論提出疑問，並列舉人事之善惡與鬼神之賞罰並不對應之實例。此下接以墨子承認確實有人事之善惡與鬼神之賞罰並不相應之事例。如此我們可以推斷以「鬼神有所明有所不明」為開頭的〈鬼神之明〉當為其內容中的一部分。

下面我們將《墨子》傳說類諸篇與〈鬼神之明〉內容之比較為此。首先揭示上述（5）傳說類中涉及明鬼論相關內容如下。

（A）公孟子曰：「無鬼神。」又曰：「君子必學祭祀。」子墨子
　　　曰：「執無鬼而學祭禮，是猶無客而學客禮也，是猶無魚而
　　　為魚罟也。」（〈公孟〉）

（B）有游於子墨子之門者，謂子墨子曰：「先生以鬼神為明知，能為禍人哉福？為善者富之，為暴者禍之。今吾事先生久矣，而福不至，意者先生之言有不善乎？鬼神不明乎？我何故不得福也？」子墨子曰：「雖子不得福，吾言何遽不善？而鬼神何遽不明？子亦聞乎匿徒之刑之有刑乎？」對曰：「未之得聞也。」子墨子曰：「今有人於此，什子，子能什譽之，而一自譽乎？」對曰：「不能。」「有人於此，百子，子能終身譽亓善，而子無一乎？」對曰：「不能。」子墨子曰：「匿一人者猶有罪，今子所匿者若此亓多，將有厚罪者也，何福之求？」（〈公孟〉）

（C）子墨子出曹公子而於宋，三年而反，睹子墨子曰：「始吾游於子之門，短褐之衣，藜藿之羹，朝得之，則夕弗得，祭祀鬼神。今而以夫了之教，家厚於始也。有家厚，謹祭祀鬼神。然而人徒多死，六畜不蕃，身湛於病，吾未知夫子之道之可用也。」子墨子曰：「不然！夫鬼神之所欲於人者多，欲人之處高爵祿則以讓賢也，多財則以分貧也。夫鬼神豈唯擢季拊肺之為欲哉？今子處高爵祿而不以讓賢，一不祥也；多財而不以分貧，二不祥也。今子事鬼神唯祭而已矣，而曰：『病何自至哉？』是猶百門而閉一門焉，曰：『盜何從入？』若是而求百福於鬼神，豈可哉？」（〈魯問〉）

（D）子墨子有疾，跌鼻進而問曰：「先生以鬼神為明，能為禍福，為善者賞之，為不善者罰之。今先生聖人也，何故有疾？意者先生之言有不善乎？鬼神不明知乎？」子墨子曰：「雖使我有病，何遽不明？人之所得於病者多方，有得之寒暑，有得之勞苦，百門而閉一門焉，則盜何遽無從入？」（〈公孟〉）

（A）文所記載乃是持無鬼立場的儒者公孟子批判墨子之內容。而此下（B）、（C）、（D）則是門人與墨子之間問答：前者對明鬼論提出疑惑而後者則堅信無疑而試圖排除門人之疑慮。尤其在（B）中有「先生以鬼神為明知」、「鬼神不明乎」，以及「鬼神何遽不明」之句子，而在（D）中也有「先生以鬼神為明知」、「鬼神不明乎」，以及「鬼神何遽不明」，由此可以認為此兩段之主題在鬼神明不明白的問題上。故此，〈鬼神之明〉可能即屬於此傳說類文獻。

　　傳說類文獻之中也有將桀、紂、幽、厲四人視為暴君與聖王相對比的內容，如：

> 凡言凡動，合於三代聖王堯、舜、禹、湯、文、武者，為之；凡言凡動，合於三代暴君桀、紂、幽、厲者，舍之（〈貴義〉）

> 古者三代暴君桀、紂、幽、厲，藺為聲樂，不顧其民。是以身為刑僇、國為虛戾者，皆從此道。（〈公孟〉）

> 昔者三代之聖王禹、湯、文、武，百里之諸侯也。說忠行義，取天下。三代暴君桀、紂、幽、厲，讐忠行暴，失天下。（〈魯問〉）

據此考察，可以推測〈鬼神之明〉應當屬於傳說類文獻。

　　另一種可能性則是該篇與現行《墨子》目次較前之〈親士〉、〈修身〉、〈所染〉、〈法儀〉、〈七患〉、〈辭過〉、〈三弁〉等諸篇文獻為同類。

　　〈法儀〉與〈鬼神之明〉相同，也將禹、湯、文、武與桀、紂、

幽、厲作爲聖王與暴君之例進行對比排列，即說：

> 昔之聖王禹、湯、文、武，兼愛天下之百姓，率以尊天事鬼，其
> 利人多，故天福之，使立為天子，天下諸侯皆賓事之。暴王桀、
> 紂、幽、厲，兼惡天下之百姓，率以詬天侮鬼，其賊人多，故
> 天禍之，使遂失其國家，身死為僇於天下，後世子孫毀之，至
> 今不息。故為不善以得禍者，桀、紂、幽、厲是也；愛人利人
> 以得福者，禹、湯、文、武是也。（〈法儀〉）

相類似之表現亦見於〈所染〉：

> 舜染於許由、伯陽，禹染於皋陶、伯益，湯染於伊尹、仲虺，
> 武王染於太公、周公。此四王者所染當，故王天下，立為天子，
> 功名蔽天地。舉天下之仁義顯人，必稱此四王者。夏桀染於干
> 辛、推哆，殷紂染於崇侯、惡來，厲王染於厲公長父、榮夷終，
> 幽王染於傅公夷、蔡公穀。此四王者，所染不當，故國殘身死，
> 為天下僇。舉天下不義辱人，必稱此四王者。（〈所染〉）

〈所染〉中值得注目的是，〈鬼神之明〉中非難榮夷公之「榮夷公者，
天下之亂人也」，在該篇中也有相同內容出現：「厲王染於厲公長父
榮夷終」。[6] 而〈鬼神之明〉中稱讚伍子胥之「伍子胥者，天下之聖
人也」，在本篇後文也有近似表達：「吳闔閭染於伍員、文義」。

---

[6] 關於榮夷公，《國語‧周語上‧芮良夫論榮夷公專利》有云：「厲王說榮
夷公。〔……中略……〕榮公若用，周必敗。既，榮公為卿士，諸侯不享，王
流于彘。」，又《史記‧周本紀》有：「厲王即位三十年，好利，近榮夷公。〔……
中略……〕厲王不聽，卒以榮公為卿士用事。」

　　前〈鬼神之明〉應該以問答體形式展開議論，而〈三辯〉也有「程繁問於子墨子曰」，墨子與程繁之間以問答形式討論非樂論之是非。因之，以問答題形式著錄討論鬼神論之是非的〈鬼神之明〉也有可能是與（1）〈親士〉以下七篇有同樣性質之文獻。

　　作為第三種可能性，〈鬼神之明〉或許即為已亡佚之〈明鬼上〉或〈明鬼中〉之一部分。對此，李銳先生〈讀上博五札記〉一文不排除〈鬼神之明〉為《墨子》明鬼論之佚文的可能性。不過同時提出以下疑問：[7]《墨子》尚賢論諸篇皆有上、中、下三篇，且文意相近，闡述墨家主要之主張。然而〈明鬼下〉並無討論「鬼神有所明有所不明」之相關內容。如若將〈鬼神之明〉視為〈明鬼上〉或〈明鬼中〉之一部分，則難以令人信服。如果連自己都承認鬼神不明，那麼無疑必將喪失其理論之說服力，故此，李銳對將〈鬼神之明〉視為〈明鬼上〉或〈明鬼中〉之部分內容觀點提出疑義。

　　但是，即使在傳說類諸篇之中，墨子的諸門人也對人事之善惡與鬼神之賞罰之間必然對應之因果律表示懷疑。墨子對此之回覆，始終迴避論點，採取迂迴之姿態，並未從正面予以駁論：或如前揭（B）、（C）所云，突然提高鬼神之要求而將未能得福之原因歸之於門人信心不足，或如（D）所云，將自己生病之原因轉而求諸鬼神懲罰以外之原因。正如上述討論所示，明鬼論原本即為難以證明之議題，是以正面展開論戰之際，不得不以逡巡迂迴之特性加以論述。因之，〈明鬼上〉與〈明鬼中〉極有可能乃採取同樣後退、迂迴論述方式，是以推定〈鬼神之明〉為〈明鬼上〉或〈明鬼中〉之一部分內容並無特別矛盾之處。

---

　　[7] 李銳：〈讀上博五札記〉（武漢：武漢大學簡帛研究中心，「簡帛網」：2006年3月5日）。

　　而傳說類諸篇已將鬼神明或不明作為討論之議題：如（B）所云「先生以鬼神為明知」、「鬼神不明乎」、「鬼神何遽不明」；也（D）所說「先生以鬼神為明能為禍福」、「鬼神不明乎」、「何遽不明」；是以〈鬼神之明〉既然同樣以鬼神之明或不明作為主題，則並無必要將如此態度視為墨家思想之外異質立場之反映。

　　再就〈明鬼下〉而言，墨家之理論甚至後退之容忍無鬼論、放棄論證。〈明鬼下〉云：

> 今絜為酒醴粢盛，以敬慎祭祀，若使鬼神請有，是得其父母姒兄而飲食之也，豈非厚利哉？若使鬼神請亡，是乃費其所為酒醴粢盛之財耳。且夫費之，非特注之污壑而棄之也，內者宗族，外者鄉里，皆得如具飲食之。雖使鬼神請亡，此猶可以合驩聚眾，取親於鄉里。（〈明鬼下〉）

亦曰：

> 是故子墨子曰：今吾為祭祀也，非直注之污壑而棄之也，上以交鬼之福，下以合驩聚眾，取親乎鄉里。若鬼神有，則是得吾父母弟兄而食之也。（〈明鬼下〉）

　　故此，相比較鬼神之明或不明與有無鬼神之議論，在墨家而言，無疑後者乃更為本質而深刻之議論。然而〈明鬼下〉文中墨家既然已經近乎容忍鬼神不存在之主張，那麼即便如〈鬼神之明〉承認鬼神不明，也沒有必要將之視為墨家思想之外、持異質觀點之立論。是以應當將〈鬼神之明〉議論內容視為屬於《墨子》所收錄議論範圍之內。

　　然而若要推定〈鬼神之明〉爲〈明鬼上〉或〈明鬼中〉之佚文，
尚存另一疑問。現存十論諸篇中所展開論爭的對象爲墨家學團外之
論敵。如「飾攻戰者」、「執有命者」、「執無鬼者」、「執厚葬久喪者」、
「非兼者」等；而在諸篇並不包含在傳說類諸篇之中所頻見之與學
團內門人的問答。〈鬼神之明〉之「汝」似非指團之外論敵，可能
爲門人。[8] 就此而論，〈鬼神之明〉或許更接近以明鬼論爲主題之傳
說類之佚文或者與〈親士〉以下七篇之佚文，而非〈明鬼上〉或〈明
鬼中〉之一部分內容。

　　根據以上考察，〈鬼神之明〉最有可能爲傳說類之佚文或與〈親
士〉以下七篇相同篇之佚文。儘管相比此二者可能性較低，但仍然
不排除此篇亦或爲〈明鬼上〉或〈明鬼中〉一部分內容之可能性。
上博楚簡當爲戰國中期（公元前 342 年～282 年）、前 300 年前後之
寫本。據此，〈鬼神之明〉之發見，無論其究竟歸屬何類文獻之一部
分，皆可顯示至戰國前期（公元前 403 年～343 年）已經明鬼這樣
的議題已卓然成論。接下來我們探討此思想史上的事實會對墨家思
想之研究產生何種影響。

四、對於渡邊卓先生觀點之商榷

　　渡邊卓（1912 年～1971 年）嘗曾就墨家思想有衆多論著。渡邊
先生認爲，「兼愛」、「非攻」、「尚賢」爲支持弱者立場之初期墨家之
主張；「節用」、「節葬」、「非樂」爲支持領域國家富國強兵政策之中
期墨家所倡導主張；「尚同」、「天志」、「明鬼」、「非命」是支持大帝

---

　　[8] 不過對話中之墨子，對於門人乃使用較爲表示敬意之「子」字，而未用
「汝」字。

國統一之後期墨家之主張。是以明鬼論爲秦帝國統一前之後期墨家
之主張，而〈明鬼下〉則創作於秦帝國成立前後至秦帝國興盛期。[9]

〈明鬼下〉同非命論等同屬於戰國末期出現之天志論之補充論
說。且其成立既出自秦墨之手，若參照他處典籍所述秦墨之命
運，恐未及廣爲流佈，疑其不過單篇獨行而已（渡邊卓：《古
代中國思想の研究》（東京：創文社，1973 年，514 頁）。

第三期爲公元前三世紀之初開始至秦帝國興盛期後繼之後期墨
家時代。此時之墨家思想，雖仍然保留舊有口號，但已經式微；
而更多則是使集團統帥精神反映出統一事業之推進，而尚同、
天志則爲即將出現之大帝國提供理論依據，明鬼、非命則成爲
激勵那些致力於強國之官民之話語。（同書：623 頁）

後期墨家雖然仍然保留傳統口號，但更將統率集團之經驗導入
時務論，提倡尚同論上意下達之徹底性以及天志論爲其終極論
據，遂成爲大帝國出現之理論依據。同時所提倡之明鬼、非命
兩理論，主張若順從主宰神靈之天鬼之命而盡奉人事，則不可
能有命中注定的宿命論成立的餘地。而此正是天鬼嘉賞之條
件。此爲激勵同致力於統一事業之強國君臣民衆之辭。（同書：
764 頁）

渡邊先生將「尚同」、「天志」、「明鬼」、「非命」等視爲爲大
帝國提供理論依據之一系列思想，因而將明鬼論理解爲秦國內墨者

為協助秦之統一事業、於秦帝國成立之前所提倡之思想。然而由於
現在上博楚簡〈鬼神之明〉之發現，可知渡邊先生的說法全然不能
成立。

　　包括〈鬼神之明〉在內的上博楚簡，因其為盜掘品，而確切之
出土地點不明、且其作為陪葬品之大致年代亦不詳。根據中國科學
院上海原子核研究所利用碳 14 測定年代，其測定結果為 2257±65
年。據 1950 年這一國際定點，判定上博楚簡年代當為前 308±65 年、
即公元前 373 年～243 年之間所書寫。

　　又據《上海博物館藏戰國楚竹書（一）》「前言」所述，關於其
下葬年代、竹簡與字體之分析等，通過與郭店楚簡之比較，推定為
楚受秦攻擊、從郢遷都至陳之公元前 278 年以前。故此，上博楚簡
之書寫年代定為公元前 373 年～278 年之間。如此其原著之成立時
期當然較此寫本之書寫年代更為前溯，而〈鬼神之明〉必定直至在
戰國前期已然成立。

　　故此，墨家提倡明鬼論之意圖決不在所謂「若順從主宰神靈之
天鬼之命而盡奉人事，則不可能有命中注定的宿命論成立的餘地。
而由此正乃天鬼之嘉賞之條件。此為同屬激勵致力於統一事業之強
國君臣民眾之辭」，絕非為力圖推進秦帝國統一事業。同時，「尚同」、
「天志」、「明鬼」、「非命」等乃為大帝國提供理論依據等一系列思
想之見解也全無依據。若說戰國前期之墨家預見其 150 年之後秦帝
國之樹立、為之預先提供理論依據，如此說法無疑純屬天方夜譚。
而〈鬼神之明〉之發現，無疑也使得渡邊先生所主張，「兼愛」、「非
攻」、「尚賢」為支持弱者立場之初期墨家思想，節用、節葬、非樂
為支持地區國家之富國強兵政策之中期墨家思想，「尚同」、「天志」、
「明鬼」、「非命」為支持大帝國統一之後期墨家思想等學說徹底粉

碎無疑。[10]

　　我們可以推斷十論篇應該已然成立在墨子之時代。其最直接證據在於下文〈魯問〉之記述：

> 子墨子游魏越曰：「既得見四方之君子，則將先語？」子墨子曰：「凡入國，必擇務而從事焉。國家昏亂，則語之尚賢、尚同；國家貧，則語之節用、節葬；國家憙音湛湎，則語之非樂、非命；國家慌僻無禮，則語之尊天、事鬼；國家務奪侵凌，即語之兼愛、非攻，故曰擇務而從事焉。」（〈魯問〉）

墨子向門人魏越說明根據遊說各國之狀況應當選擇不同遊說之內容重點。這其中已經完整包含有十論。故此，十論之主張可視為早在墨子時代業已確立之理論。更值得留意的是，十論之內容各包含兩項而分為五種。是可知，墨子主張「尚賢」與「尚同」、「節用」與「節葬」、「非樂」與「非命」、「天志」與「明鬼」、「兼愛」與「非攻」五組，各自有其相類似之目標與特徵。這一點乃於認識十論思想之特性之際，如尚賢論與尚同論之間所保持密不可分之內在聯繫，提供了重要之線索。

　　墨子依據各國國情選擇適宜之十論內容這一主張，顯示出十論之最終目的皆在於使得各國安定持續存在；而十論之內容，也包含

---

[10]　〈鬼神之明〉極有可能為墨子於創設學團之魯國著作。此後流傳至南方楚地，其寫本乃陪葬入湖北省江陵之楚墓。是以渡邊先生之推測，認為提出明鬼論者為秦之墨者、「明鬼論」並未流佈至秦之國外，均不能成立。而伴隨初期之「兼愛」、「非攻」系統之衰落，後期「尚同」、「天志」、「明鬼」、「非命」系統擡頭，墨家自支持弱者立場逐漸變節、轉向權力所屬一側，最終墮落為支持大帝國統一之反動立場之思想等說明，也悉數無法成立。

有鬼神信仰，自最初開始其即作爲實現目的之手段而存在。是以十論之主張乃散見於傳說類諸篇，而不僅僅前揭資料之中。其中出現次數相對較少者爲「尚賢」與「尚同」，包括前文資料在內，「尚賢」三例、「尚同」二例。這一現象反映出，相比十論其他主張成爲儒家與好戰國君深入論爭內容而言，「尚賢」與「尚同」乃當時相對遭受周遭之非議最少之主張，但此決不意味墨子之時代「尚賢論」與「尚同論」不存在。[11] 由於墨子之活動時期乃公元前 450 年～390 年前後，長達五十年以上，而十論全部形成所需時間，蓋終其墨子一代已十分充分。

〈耕柱〉、〈貴義〉、〈公孟〉、〈魯問〉四篇皆爲墨子之言行記錄，乃與儒家之《論語》性質相若。然而相對比一直以來對《論語》之偏好、信賴，此四篇內容乃被懷疑爲後代之作而缺乏可信性，未能積極充分加以利用。然而若就其時代性與地域性等、傳說類內容仔細加以考察，則可知其無疑爲墨子之時代記錄。[12] 四篇所記載門人之不誠實、怠惰之行狀，以及墨子之苦況，相比《莊子·天下》所記載「後世之墨者」獻身之形象則完全不同。

若此四篇爲戰國時期假托墨子之僞作，則其「作者」所要描寫的是正經威嚴之墨子本人與汲汲求道之墨者，而絕無必要描繪出此類墨家不光彩之內容。

由此觀之，傳說類諸篇內容可認定爲乃墨子當時之記錄，而其中既然業已存在十論之名稱，故此，只能認爲十論於墨子之時代已

---

[11] 關於尚賢論與尚同論之目的，參看拙論：〈「墨子」尚賢論の特性について〉（收入於《國學院雜誌》第 77 卷第 6 號，1976 年）及〈「墨子」尚同論の構造——天子專制理論との對比〉（收入於《文化》第 40 卷第 1、2 號，1976 年）。

[12] 關於傳說類成立時代，參看拙論：〈墨家集団の質的変化——說話類の意味するもの〉（收入於《日本中國學會報》第 43 集，1982 年）。

經形成。十論整體內容構成了一套體系。墨子思想之最終目的本在
阻止大國侵略合併與周之封建體制破壞，從而使得天下諸國家相互
保全領土，再建和平共存之體制。是以十論之兼愛與非攻之基本意
圖乃在於痛斥侵略他國、合併土地等對人類犯罪等行為，並呼籲作
為加害者大國終止此類行為；[13] 而「天志」與「明鬼」則為了補充
與加強上述主張而形成，旨在指出侵略與併合為上天與鬼神所禁止。

　　為阻止強國之侵略與合併，作為被害者之弱小國也需要使得國
內安定，並努力使強國放棄這些欲望。維持國內社會秩序之說的「尚
賢」與「尚同」、以節約冗費來強化國家財政之說的節用與節葬、通
過勤勉勞動致富增產之說的「非樂」與「非命」等理論，其用意皆
在於此。是以十論之全體乃為保全諸國家、維持封建體制，而形成
為一套完整的思想體系。[14]

　　由於〈鬼神之明〉之發現，可知其中之明鬼論至遲在戰國前期
業已成立。與此相連，十論也自墨子之時代業已成立。十論之成立
時期與十論三十篇之著作時期之間雖然會有相當時差，但〈鬼神之
明〉與十論文體非常類似這一現象則表明這一時差相當短暫。由此
可知，〈鬼神之明〉所包含①堯、舜、禹、湯或禹、湯、文、武與堯、
舜、禹、湯、文、武與桀、紂、幽、厲對比之構圖；②以獲得天子
之地位與後世享有聲名為上天或鬼神之賞；③將斷絕宗廟、社稷與
末代蒙受污名為上天或鬼神之罰等，《墨子》獨具特色之文體在戰國

---

[13] 關於兼愛論與非攻論之目的，參看拙論：〈墨家思想の體系的理解（一）
——兼愛論について〉（收入於《集刊東洋學》第 32 號，1974 年）及〈墨家思
想の體系的理解（二）——非攻論について〉（收入於《集刊東洋學》第 33 號，
1975 年）。

[14] 關於如何理解墨家整體思想，參看拙著：《墨子》（東京：講談社，1998
年 3 月）。

前期業已確立。故此，現存十論二十三篇之著作時期當爲墨子活動之春秋末至戰國前期這一時期。

　　又上述①、②、③中所見的富有特徵之文體不僅見於十論，亦爲傳說類與〈親士〉以下七篇之中共通之文體現象，亦顯現是以傳說類與〈親士〉以下七篇也有可能同樣在墨子活動之春秋末至戰國前期也已經成立的可能性。今後墨家思想之研究應當在充分認識這一點之後展開。

第五章

〈鮑叔牙與隰朋之諫〉的災異思想

一、〈鮑叔牙與隰朋之諫〉之解釋

馬承源主編:《上海博物館藏戰國楚竹書（五）》收錄有〈競建內之〉、〈鮑叔牙與隰朋之諫〉、〈季庚子問於孔子〉、〈姑成家父〉、〈君子爲禮〉、〈弟子問〉、〈三德〉、〈鬼神之明・融師有成氏〉等九篇文字。其中〈競建內之〉有齊桓公時發生過日全食的記載。本文試通過此日食之記載，探討該篇中所見災異思想之特徵。

據《上海博物館藏戰國楚竹書（五）》之說明，知〈競建內之〉現存竹簡 10 支，其中完整簡 7 支，殘簡 3 支。其中文意或有不相連貫之處，推知包括原本之首簡在內尚有散佚之簡。第 1 簡背有「競建內之」4 字，若據他例或可推測爲該篇篇題，但與本篇內容決無關涉，又與「競建內之」篇書體有別，則極可能原本並非原篇之篇題。[1] 竹簡上端與下端平齊，簡長 42.8 公分至 43.3 公分之間，一簡

---

[1] 關於「競建內之」四字，褟健聰〈上博楚簡（五）零札（一）〉（武漢：武漢大學簡帛研究中心，「簡帛網」：2006 年 2 月 24 日）推測「競建內之」並非篇題，乃競建這一人物獻納此冊書時所記。「競建內之」之字體與〈競建內

約容字數爲 32 字至 36 字之間，全篇字數含合文，凡 347 字。編綫
三道，契口位於竹簡右側。天頭地腳均有留白，皆書之竹黃。

《上海博物館藏戰國楚竹書（五）》將〈競建內之〉與〈鮑叔牙與
隰朋之諫〉分爲兩篇文字，而陳劍先生〈談談《上博（五）》的竹簡分
篇、併合與編聯問題〉一文則以爲應當將兩篇合併，視爲一篇。[2]

按〈鮑叔牙與隰朋之諫〉凡九簡，除去第 4 簡與第 9 簡上端有
若干殘缺外，其他皆係完整竹簡。竹簡上端與下端平齊，簡長 43
公分至 43.2 公分之間。第 8 簡與第 9 簡不論，則一簡容字爲 41 字
至 51 字之間，全篇 340 字。編綫三道，契口則第 2 簡以外皆爲右側。
天頭、地腳留白相同，皆書之竹黃。第 8 簡中間有「墨鉤」，其下留
白，蓋當篇末之位置。第 9 簡乃已使用過之竹簡刮去文字后再利用
者，第二編綫與第三編綫之間書有「鮑叔牙與隰朋之諫」八字及「墨
鉤」，餘下留白。如陳佩芬先生釋文所云，此則用作書寫篇題之附簡。

季旭昇先生〈上博五芻義（上）〉一文就〈鮑叔牙與隰朋之諫〉
簡序排列，據其首簡散佚，提出將其調整爲「第 9 簡→第 4 簡→第
5 簡→第 6 簡→第 7 簡→第 3 簡→第 1 簡→第 2 簡→第 8 簡」之新
序列。[3] 陳劍先生〈談談《上博（五）》的竹簡分篇、拼合與編聯問
題〉一文則在此基礎之上，又將季旭昇先生方案作部分修正，將〈競
建內之〉簡序調整爲「第 1 簡→第 5 簡→第 6 簡→第 2 簡→第 7 簡
→第 4 簡→第 3 簡→第 8 簡→第 9 簡→第 10 簡」，並將此篇與簡序
調整爲「第 4 簡→第 5 簡→第 6 簡→第 7 簡→第 3 簡→第 1 簡→第

之〉、〈鮑叔牙與隰朋之諫〉之字體皆異，當出自第三者之筆。筆者以爲禤先生
所論甚妥。

  [2] 武漢：武漢大學簡帛研究中心，「簡帛網」：2006 年 2 月 19 日。

  [3] 武漢：武漢大學簡帛研究中心，「簡帛網」：2006 年 2 月 18 日。

2簡→第8簡→第9簡」之〈鮑叔牙與隰朋之諫〉連爲一篇文字。學界多以爲陳劍先生簡序調整甚爲妥當。

　　然而〈競建內之〉與〈鮑叔牙與隰朋之諫〉書體有別，明顯爲兩人書寫，此則聯合兩篇爲一篇的觀點之最大障礙所在。如何考慮這個問題？郭永秉〈關於〈競建〉和〈鮑叔牙〉的字體問題〉一文指出，〈競建內之〉第1簡「級」字、第2簡「宗」字、第7簡「則」字、第8簡「公」與「曰」字等與〈競建內之〉內字體明顯不同，或即爲〈鮑叔牙與隰朋之諫〉之書手所補寫。[4] 據此，郭永秉先生提出，事實有可能是某書手抄寫前半部分〈競建內之〉之後，另一書手則繼續抄寫後半部分之〈鮑叔牙與隰朋之諫〉，並就前半部分施以校訂，刪去誤寫文字再自行補寫。此是郭先生表示贊同陳劍先生將兩者視爲一篇之觀點。

　　如此則消除了〈競建內之〉與〈鮑叔牙與隰朋之諫〉合併爲一篇之障礙。是以本章據此立論，即將兩篇視爲〈鮑叔牙與隰朋之諫〉題下之同篇文字，探討其內容。討論內容之前，先據陳劍先生簡序方案，略將〈鮑叔牙與隰朋之諫〉原文轉錄如下。阿拉伯數字所記釋文爲原〈競建內之〉所附簡號，漢字數字所記者爲原〈鮑叔牙與隰朋之諫〉所附之簡號。[5]

---

[4]　武漢：武漢大學簡帛研究中心，「簡帛網」：2006年3月5日。

[5]　以下釋文在《上海博物館藏戰國楚竹書（五）》所收錄〈競建內之〉和〈鮑叔牙與隰朋之諫〉釋文基礎之上，結合陳劍：〈談談《上博（五）》的竹簡分篇・拼合寫編聯問題〉、〈《上博（五）》零札兩則〉（武漢：武漢大學簡帛研究中心，「簡帛網」：2006年2月21日）；李旭昇：〈上博五芻議（上）〉、〈上博五芻議（下）〉（武漢：武漢大學簡帛研究中心，「簡帛網」：2006年2月18日）；林志鵬：〈上博楚竹書《競建內之》重編新解〉（武漢：武漢大學簡帛研究中心，「簡帛網」：2006年2月25日）；蘇建洲：〈《上博（五）》補釋五則〉（武漢：武漢大學簡帛研究中心，「簡帛網」：2006年3月29日）；

……二睦。隰朋與鮑叔牙從。日既，公問二夫=（大夫）：「日之食也曷為？」鮑叔牙答曰：「星變。」又曰：「為齊（1）〔災。」公〕言曰：「多？」鮑叔牙答曰：「害將來。將有兵，有憂於公身。」公曰：「然則可說與？」隰朋答曰：「公身（5）為亡道，不遷於善而說之，可乎哉？」公曰：「甚哉！吾不賴二三子。不謫怒寡人，至於使日食。」鮑叔牙（6）與隰朋曰：「羣臣之辜也。昔高宗祭，有雉雊於彝前，召祖己而問焉曰：是何也？」祖己答曰：「昔先君（2）格王，天不見禹，地不生龍，則祈諸鬼神曰：『天地明棄我矣。近臣不諫，遠者不謗，則修諸鄉（7）里。』今此祭之得福者也，請量之以差給。既祭之後焉，修先王之法。高宗命傅說，量之以（4）祭。既祭焉，命行先王之法。發古度，行古作。廢作者死，弗行者死。不出三年，遠人之服者七百（3）邦。此能從善而去禍者。」公曰：「吾不知其為不善也。今內之不得百姓，外之為諸侯笑，寡人之不（8）肖也。豈不二子之憂也哉？」隰朋與鮑叔牙皆拜，起而言曰：「公身為亡道，進芊明子以馳於倪（9）廷。驅逐畋弋無期度。或以豎刁與易牙為相。二人也，朋黨羣獸，妻朋取與親，公告而憐（10）之。不以邦家為事，縱公之所欲。鞭民莿樂，敦堪背愿，疲弊齊邦。日盛于縱，弗顧前後。百（四）姓皆憂慮，洒然將亡，公弗詰。獨臣雖欲誠，或不得見，公固弗

陳偉：〈《競建內之》〈鮑叔牙與隰朋之諫〉零識〉（武漢：武漢大學簡帛研究中心，「簡帛網」：2006年2月22日）、〈《競建內之》〈鮑叔牙與隰朋之諫〉零識（續）〉（武漢：武漢大學簡帛研究中心，「簡帛網」：2006年3月5日）；李天虹：〈上博五〈競〉、〈鮑〉篇校讀四則〉（武漢：武漢大學簡帛研究中心，「簡帛網」：2006年2月19日）。諸家之說及鄙見，對原釋文多有改釋，篇幅所及，不再一一出注說明。

察。人之生三，食色息。今豎刁匹夫而欲（五）知萬乘之邦，
而貴尹。其為災也深矣；易牙人之與，煮而食人，其為不仁厚
矣。公不圖，必害公身。」公曰：「然則矣（六）如？」鮑叔
牙答曰：「齊邦至惡死，而上戮其刑；至欲食，而上厚其斂；
至惡苛，而上不時使。」公乃身命祭，有司祭服毋紋。（七）
器必蠲潔，毋入殘器。犧牲珪璧必全如故，加之以敬。乃命有
司著作符。老弱不刑，斂緡短，田緡長，百糧鍾。命（三）九
月除路，十月而徙梁城，一之日而車梁城。乃命百有司曰：「有
夏氏觀其容以使，及其亡也，皆為其容。殷人之所以代之，觀
其容、聽其（一）言服。其所以亡，為其容、為其言。周人之
所以代之，觀其容、聽言，劬劬者使服。其所以衰亡，忘其劬
劬也。二三子勉之。寡人將劬劬。」（二）是歲也，晉人伐齊。
既至齊地，晉邦有亂，師乃歸。雨平地至埼復。日瘴亦不為災。
公蠹亦不為害（八）〈鮑叔牙與隰朋之諫〉（九）

上文大意：（齊桓公外出）隰朋與鮑叔牙隨行，突然發生日全食。桓
公向二人詢問日食發生之原因。鮑叔牙答以星之異變，並且又回答
說：「此勢必導致齊之災害。」（齊桓公）再問：「災害是否多？」鮑
叔牙答曰：「災害將要降臨，則有兵亂、憂患將及於公之身。」桓公
問曰：「如此則是否可以事前袪除災患？」隰朋答曰：「公若自行無
道，不悔改向善，如何有袪除災患之可能？」桓公遂反省道：「吾不
從諸君之善諫竟致如此，吾之無道，其咎竟致日食發生。」

　　鮑叔牙與隰朋又答曰：「此皆臣下之過。往昔殷高宗祭祀先祖之
際，一羽雉鳥止於鼎上鳴叫不已。高宗乃召賢臣祖己問此何意。祖
己答曰：『昔先君湯王推翻夏朝，新履王位之際，天不見水神夏禹，

地不生龍馬，遂向鬼神祈禱曰：「天地明欲棄我，而近臣不諫、遠者不謗。既如此，請於殷之故地始恢復往昔之治（雉者乃湯王之靈，為告誡應當恢復舊法而來）。」今乃祭祀湯王而給予先君福佑之際，請揣摩先王之意，鄭重奉上祭祀之供物；祭祀之後復修湯王所定之古法。」是以高宗命傅說揣度湯王之意志而祭祀湯王，祭祀終了復行湯王之古法。頒佈古代之制度，實行古代之作法。自此以降，凡改廢作法者死罪、不實行者亦死罪。三年以內，自遠方歸服者七百國。此即能從善政而去禍者之先例。」

桓公聞此，又反省曰：「我未能覺察己行為之不善。是以國內不得民心，而國外為諸侯嘲笑。此皆我之不肖所致。然而你二人何以不為之擔憂？」隰朋與鮑叔牙皆拜，起立之後又作陳述：「公自為無道，與芊明子（某婦人）同乘馬車遠行至倪。驅逐畋弋不分時節。又以豎刁與易牙為國相。此二人廣結朋黨，形似群獸，任人以親。而公任其肆意之人事任命，不以國家之統治為任務，唯放縱己之欲望。鞭民取樂於己，背天道而失謹慎，使齊國陷入疲弊之中。日益放縱無度，不顧先後。百姓皆不安而怯，驚愕不知生當何世，幾欲滅亡，而公仍不反省自咎。唯我等雖欲進諫，卻不得謁見。是公原本即未能察知齊之現狀。人之生存其要者有三，飲食、色欲、休息。今豎刁身為匹夫而欲治萬乘之大國、身居高官，其災恐深矣。易牙乃與之相同之輩，煮食人肉以為菜肴奉於公前，其不仁之行為已至厚。公若不深慮此二人之害毒，終必將為害公之身。」

桓公又問：「此則當如何是好？」鮑叔牙答曰：「齊國之民甚不願者為死，公則嚴刑罰而多死刑；齊民甚欲者為飲食，公則立重稅而奪其食；齊民甚厭者為苦力，公則酷使民眾而無時節之分。」

桓公聞之，乃命法古式而行祭禮：其有司之祭服素地無紋；禮器則必為完好無缺，而絕不納破損之器；犧牲與珪璧皆合於古禮之

完備形狀，復命加之以敬意，乃行儀式。命有司作政令：老弱不任刑罰，以短尺測量課稅之土地面積（百畝），以長尺測量一夫耕地之面積（一田），於縮小之百畝課以什一之稅，百石乃納一鍾之稅。命九月除草，整備道路，十月修繕人眾之渡口，朔日修整車輛渡口。又命眾有司曰：「夏王朝以容貌取人，是夏王朝之所以滅亡者，在眾人皆修飾容貌之故；殷代夏，察其容貌、復聽其言以任人才，而殷王朝之滅亡，則在修飾容貌、粉飾言辭之故；周王朝代殷王朝，察其容貌、聽其發言，更任用勤勉之人。而周王朝衰敗之原因則在於忘卻勤勉之精神。諸君勉之。我也將勉於此。」

　　是年，晉謀攻齊。晉軍既至齊境開始侵攻，因晉發生內亂，乃引軍返。平地之上降大雨直進至山麓之下，但雨止之後乃恢復如常。太陽衰弱而至日食，但未及齊之災害，而桓公之側奸臣之豎刁與易牙亦未能危害至桓公之身。

二、災異思想之特徵

　　本節探討〈鮑叔牙與隰朋之諫〉所見災異思想的特徵。上文（1）、（5）、（6）部分以日食發生為主題。桓公外出，隰朋與鮑叔牙隨行，而齊發生日全食。桓公遂問二人日食發生之原因。[6] 鮑叔牙謂乃星之異變，此乃齊將有災害及兵亂、將危及桓公之身之預兆。桓公畏懼，

---

　　[6] 釋文雖解為「奪」字，但隸定為「說」字，釋為祛除災厄之義更佳。上博楚簡〈魯邦大旱〉中亦有以「說」為祛除旱魃災厄之祭祀名稱之例。詳參拙論：〈上博楚簡〈魯邦大旱〉中における「名」〉。收入於《國語教育論叢》第14號，2005年，及〈上博楚簡〈魯邦大旱〉の刑德〉，收入於《中國研究集刊》第36號，2004年。此文中譯版收錄於淺野裕一著、佐藤將之監譯：《戰國楚簡研究》（台北：萬卷樓，2004年）第七章。

問是否可以祭祀祛除災害、兵亂以及尙未及其身之危險。隰朋答曰：
「不積善行，屢行失政，今欲以祭祀祛除災厄乃不可能。」桓公聞之，
遂反省過去，自己一再無視二人之忠告、諫言，遂招致日食。

　　上文值得注意之處在於將日食視爲譴責桓公失政之預兆。《詩
經》、《尙書》之中，如下文所示，有上天、上帝對王之失政報以旱
魃或兵亂、死喪等災害進行懲罰之記載：

> 浩浩昊天，不駿其德。降喪饑饉，斬伐四國。昊天疾威，弗慮
> 弗圖。（《詩經・小雅・雨無正》）

在以引文爲代表的文獻當中國君所對應之順序依次爲：首先災厄發
生，之後國君領會此蓋上天、上帝之刑罰，即自己之過失導致上天、
上帝發怒，遂自行改正解除天刑。與沙漠一神教諸神不同，中國的
上天、上帝並不直接發出言語命令，如「天何言」（《論語・陽貨》）、
「天不言」（《孟子・萬章上》）等，而這其中君王之揣度則爲不可或
缺之內容。[7] 即在《詩經》、《尙書》世界之中，作爲人格神之上天、
上帝降下災害懲罰國君之過失，以先降災害，繼而王揣摩天意、祈
求解除天刑這一先後關係直接表現出來。

　　繼此以降，《左傳》與《國語》之時代則描繪出另一幅圖景：
上天、上帝依據天體運行之規律性天道向君王預示其譴責、褒賞之
意志，而依從天道指示之國君乃受天賞而免除災厄，背棄天道之國
君則蒙受天災：

---

　　[7]《詩經・大雅・皇矣》之「帝謂文王」所記爲上帝之發言，然此例極
爲罕見。關於此，參看拙著：《古代中國の宇宙論》（東京：岩波書店，2006
年 9 月）。

　　夏，吳伐越，始用師於越也。史墨曰：「不及四十年，越其有
　　吳乎！越得歲而吳伐之，必受其凶。」（〈昭公三十二年〉）

古代中國占星術將天界分爲十二區，即十二星次或十二分野。十二
分野各與當時存在國家相對應。而各自分野所代表之二十八星座亦
同時固定。此則二十八宿。木星、火星、金星等行星按照複雜軌道
運行於天界，從某一分野移動至下一分野、某一星宿行往下一宿。
史官則據此天體之運行，占卜戰爭之勝負、災害之有無。[8] 上文〈昭
公三十二年〉例中，吳初擊越之年，木星（歲星）宿於十二分野之
中，相當越之分野、星紀之星次。是以此年越乃受木星之加護。而
吳背棄此天道，先發攻越。是以吳乃受天道懲罰，於木星運行天界
三周之三十六年後，爲越所攻滅。此即晉大史蔡墨以占星術所預言
之內容。正如預言所示，公元前 437 年，越傾力攻吳，吳王夫差自
殺，吳亡、併至越。

　　在《左傳》、《國語》世界觀，作爲人格神之上天、上帝乃以天
道爲媒介手段，傳達自己之意志，而根據君王應對天道之善惡降及
禍福，乃一種間接之形態。在《詩經》、《尚書》的世界觀中，預兆、
預告、預知、預言之類思想較爲罕見，而著力於強調天災發生之後、
事後之對應處理。相比之下，《左傳》、《國語》則轉爲以天道作爲預
兆作用於地上之人類，通過預兆獲取上天、上帝之預告，預知或預
言將來。因之《左傳》、《國語》之中則採取如下之先後關係：作爲
人格神的上天、上帝退於背後，而天道與占星術等則居於前列；以

---

　　[8] 關於此，詳參拙著：《黃老道の成立と展開》（東京：創文社，1992 年）
第一部第十二章「瞽史の官と古代天道思想」、第十三章「古代天道思想と范
蠡型思想」。

天道顯示天象（恆常運行與突發異變二種）爲預兆，相應之舉措若不恰當則降以災害。

　　依此思想史脈絡，則〈鮑叔牙與隰朋之諫〉所見日食記載之特徵十分有意義。日食作爲譴責桓公失政、若不悔改則將降以水害、兵亂、弑逆等災殃之預兆，顯示出與《左傳》、《國語》之天道思想非常接近之特點。殘存竹簡之中儘管並無「天道」之語、但從「敦堪[9]背愿，疲弊齊邦」等可知其基本立場相比《詩經》、《尚書》世界觀，則更近於《左傳》、《國語》之世界觀。[10]桓公欲通過祭祀祛除齊將受之災殃，隰朋對此予以否定，此事亦意味深長。要之，桓公試圖通過祭祀巫術等方法避免日食所預告之災殃，而隰朋則認爲不積善行，屢行失政，而桓公所期望之巫術祭祀方法對此毫無效果，對之予以完全否定。避免災厄之手段不在巫術祭祀，而在於佈善政之國君之德。〈鮑叔牙與隰朋之諫〉在保持「上天、上帝→天道（預兆）→禍福→國君」之爲政這種天人相關思想框架同時，否定了巫術方法的有效性，而將解決問題之關鍵置於去除無道、實踐善行的國君人爲努力。與之相類似之思想亦見於下文《左傳》之記事：

　　齊有彗星，齊侯使禳之。晏子曰：「無益也，祇取誣焉。天道不諂，不貳其命，若之何禳之？且天之有彗也，以除穢也。君無穢德，又何禳焉？若德之穢，禳之何損？《詩》曰：『惟此文王，小心翼翼。昭事上帝，聿懷多福。厥德不回，以受方國。』君無違德，方國將至，何患於彗？《詩》曰：『我無所監，夏

后及商。用亂之故,民卒流亡。』若德回亂,民將流亡,祝史之為,無能補也。」公說,乃止。(〈昭公二十六年〉)

公元前516年齊國上空突然出現彗星。齊景公懼,欲命祝官與史官祓祛禍害,遭到宰相晏嬰反對。晏嬰以為,儘管欺騙神靈,但天道無偽、天命不改,是以不可能祓祛禍害。天空出現彗星,乃為掃除污穢;而國君之德若無污穢則無祓除之必要,若國君之德已有污穢則即便祓除亦無效果。重要在國君之德,祝官與史官之巫術於事無補。

由上述記事,可知晏嬰雖然也承認天道之權威,但卻否定祝官與史官巫術可以作用及至天道這一思想。如其引《詩》:「惟此文王,小心翼翼,昭事上帝,聿懷多福」所示,雖然仍然力圖維持基於上天、上帝信仰之天人相關思想框架,但就否定巫術之有效性這一態度而言,隰朋與晏嬰之立場可說是完全一致。與此相同之思考又見於下文上博楚簡〈魯邦大旱〉:

魯邦大旱。哀公謂孔子:「子不為我圖之?」孔子答曰:「邦大旱,毋乃失諸刑與德乎?唯……[哀公曰]……之何在?」孔子曰:「民知說之事,視也,不知刑與德,如毋愛珪璧、幣帛於山川,正刑與德……出遇子貢曰:「賜,爾聞巷路之言,毋乃謂丘之答非歟?」子貢曰:「否也,吾子若重其明歟?如夫正刑與德,以事上天,此是哉。若夫毋愛珪璧、幣帛於山川,毋乃不可。夫山,石以為膚、木以為民,如天不雨,石將焦,木將死,其欲雨或甚於我,何必恃乎名乎?夫川,水以為膚、魚以為民。如天不雨,水將涸,魚將死。其欲雨或甚於我。何必恃乎名乎?」孔子曰:「於呼……公豈不飽粱食肉哉也,無如庶民何。」

〈魯邦大旱〉中，魯哀公欲「莪珪璧、幣帛於山川」，以祭祀（說）去除大旱之災害，對此孔子與子貢則以爲唯通過「正刑與德」、國君之善政才能解除天刑，批判「飽粱食肉」窮奢極欲、卻又試圖依賴神事（明）解除災害。[11]

　　上博楚簡〈柬大王泊旱〉應該是在楚國撰作的文獻，其中也有相同內容。簡文曰：「柬大王泊旱，命龜尹羅貞於大夏。王自臨卜。王向日而立，王汗至帶」，而其大意是，楚簡王（在位公元前431年～408年）因大旱而於漢水與江水合流之大夏行龜卜。正當簡王向陽欲行龜卜之際，突然遭受一陣惡寒，患上嚴重皮膚病。簡王被告知皮膚病原因，在於未列入祭祀而含怨之名山、名溪作祟，於是王遂命將相關諸神加入祭祀之列，以除去病因。對此，太宰反駁曰：

> 太宰進答：「此所謂之旱毋。帝將命之，攸（修）諸侯之君之不能治者，而刑之以旱。夫雖毋旱，而百姓移以去邦家。此為君者之刑。」

大意是，上帝對於身爲諸侯卻不能恪盡統治國家之君主，命配下之旱母降以旱魃之天刑。今日之事態即如此。要之，此乃對於簡王不能恪盡統治楚國之處罰，因此即便停止旱魃，亦不能解除上帝之怒火，而將遭受民眾捨棄楚國徙往他國這一天刑。太宰以此催促簡王反省。

　　簡王聞之恐懼說，「王叫而哭而泣謂太宰：一人不能治政，而百姓以絕。」遂向太宰詢問善後之策。「太宰答：『如君王修郢，高方若然里』」，即建議若能好好治理國都郢，則遠方之地亦可準此而治。

---

[11] 關於〈魯邦大旱〉，詳參見本章注（6）中所提及的拙文。

王接受此建議,親自監督郢城之修繕。如此,狀況便改善為:「三日,王有楚色屬者有喝炙人。三日大雨,邦漫之。發駭蹠四疆,四疆皆熟。」是上帝見簡王精勤國政,真心悔改,乃解怒降雨,消除國中旱魃。而簡王驅馳駿馬視察四方之邊境,乃見穀物皆熟。〈柬大王泊旱〉之主旨在於說明,旱魃之天災乃對國君失政之天刑,而以祭祀無法袪除此災害,唯有悔改、改施善政才可解決。簡王反省自躬,勵精圖治,終於解除天刑停止旱魃,穀物皆熟,乃得此福。[12]

　　〈鮑叔牙與隰朋之諫〉內容之特徵與此十分近似。桓公被告知日食乃天降齊災之預兆,遂欲通過祭祀袪除災害。但臣下又指出其原因乃在桓公之失政,祭祀根本無濟於事。桓公乃反省悔改,效法高宗故事,實行古法,免老弱之刑罰,擴大耕地面積(田)而減少課稅面積(畝)、修繕道路與渡口,身先士卒,昭示勤政精勵之大略,改從善政。其結果乃避免了日食所預告之災禍:敵軍侵攻、大雨浸水、奸臣(豎刁與易牙)欲弒逆桓公之奸詐等。此即為〈鮑叔牙與隰朋之諫〉之主旨。[13]

　　然而〈魯邦大旱〉、〈柬大王泊旱〉與〈鮑叔牙與隰朋之諫〉之間仍有重要差異。〈魯邦大旱〉與〈柬大王泊旱〉先降旱魃之天刑,其後國君反省與思量災害解除之方法。〈魯邦大旱〉之哀公思量與反省並不成功,而〈柬大王泊旱〉之簡王則成功,二者雖稍有別,然

---

　　[12] 關於〈柬大王泊旱〉,詳參拙論:〈上博楚簡〈柬大王泊旱〉の災異思想〉。收入於《集刊東洋學》第 100 號,2008 年 11 月(即將出版)。

　　[13] 鄭之子產、晉之叔向、齊之晏嬰等貴族賢人政治家輔佐君主、活躍之春秋時代後半(公元前 587 年～404 年)、公元前六世紀,興起了嶄新的思潮:其一表現在由依賴巫祝巫術(薩滿)之政治轉換為重視君主之德的政治,其二則以上天、上帝與天道作用於於君主之德之形式,使得最高巫祝(巫術之王)之君主重新恢復與壟斷上天、上帝與天道之神通力量。而〈鮑叔牙與隰朋之諫〉之思想乃正沿襲此思潮者。

「①上天之災害→②國君思量與反省→③改從善政→④解除天
刑」，這一時間先後關係之基本結構則相同，顯示出與《詩經》、《尚
書》相同之特徵。反觀〈鮑叔牙與隰朋之諫〉則是「①天象異變→
②揣摩所得預言與反省→③改從善政→④避免災害」，這一時間先
後關係之基本結構，並未涉及上天、上帝。此則顯示出〈鮑叔牙與
隰朋之諫〉與《左傳》、《國語》近似之特徵。

　　〈鮑叔牙與隰朋之諫〉與《左傳》、《國語》所見天道思想之特
徵全然一致？實則未然。〈鮑叔牙與隰朋之諫〉固然涉及「日既」、「日
食曷為」、「星變」等有關天體之異變現象，但〈鮑叔牙與隰朋之諫〉
未嘗如同《左傳》、《國語》等直接使用「天道」之語。

　　同時〈鮑叔牙與隰朋之諫〉日食之記事與《左傳》與《國語》
占星術亦不相同，其中並無大體周期運行與十二分野之對應關係所
顯示預兆之含義。〈鮑叔牙與隰朋之諫〉中之日全食「日瘥亦不為
災」，即太陽出現病患、衰弱、消失之現象，而基於「衰弱、消滅→
災害」這一聯想，向齊國與桓公昭示上天將要降下災害。上文僅就
日食這一單獨變異現象以為預兆之根據，而非將不斷推移之惑星與
分野、星宿之間位置關係視為預兆之依據。將彗星與掃除地上之污
穢之等聯想理解者有著形態之類似，是為同類。與此相類之聯想亦
見於上博楚簡〈三德〉：[14]

─────────

[14]　關於〈三德〉研究，參照曹峰：〈《三德》寫〈黃帝四經〉對比研究札記
（一）〉（武漢：武漢大學簡帛研究中心，「簡帛網」：2006 年 3 月 22 日）；〈《三
德》中的"皇后"為"黃帝"論〉（收入於《新出楚簡國際學術研討會會議論
文集》，武漢：武漢大學，2006 年 6 月）；福田一也：〈上博簡五《三德》篇中
"天"的觀念〉（收入於《新出楚簡國際學術研討會會議論文集》，武漢：武漢
大學，2006 年 6 月）；陳麗桂：〈上博五《三德》的義理〉（收入於《中國簡帛
學國際論壇 2006 會議論文集》，武漢：武漢大學，2006 年 11 月）；顧史考：〈上
博五《三德》篇與諸子對讀〉（收入於《中國簡帛學國際論壇 2006 會議論文集》，
武漢：武漢大學，2006 年 11 月）等論文。

天供時，地供材，民供力，明王無思，是謂三德。卉木須時
而後奮。天惡如忻，平旦毋哭，晦毋歌，弦望齋宿，是謂順
天之常。

上文所示爲〈三德〉開端部分所陳述系列禁忌：「平旦毋哭，晦毋歌，
弦望齋宿」。「平旦」者朔日之謂，月始生之形象，象徵死而復生。
故此朔日哭之行爲乃背「天之常」，禁止以「天惡」、天所憎惡爲己
之喜好。「晦」則爲月完全隱藏之形象，爲死之象徵。故此，晦日歌
唱之行爲亦在禁忌之列。「弦望」爲弦月至滿月之形象，象徵臻於絕
頂。故作者乃勸行齋戒，以避免盈滿而損。以上訓戒皆由月之圓缺
形象產生。而基於這種單純聯想而言，其與日食或彗星形象產生之
聯想特徵無疑十分相近。

　　正如「毋爲僞詐，上帝將憎之。諆而不諆，天乃降災。已而不
已，天乃降異」、以及「天命孔明。如反之，必遇凶殃」等句子所示，
〈三德〉強調上天、上帝之災異，涉及月之圓滿等天體現象。不過
其中未見「天道」之語，也無通過惑星週期運行與十二星次、二十
八宿之位置關係占卜吉凶之占星術思維。[15] 儘管〈三德〉頻見上天、
上帝，而〈鮑叔牙與隰朋之諫〉則全無上天、上帝出現，二者之間
差異頗明顯，但就涉及天體乃僅就由天體之形象產生單純聯想、而
並無根據天道之占星術而言，二者之間仍然顯示出共通特徵。

---

　　[15] 〈三德〉所言「天乃降異」之「異」與其視爲作爲預兆之異變現象，毋
寧乃與災害同義之語。西漢董仲舒所說災異思想：「國家將有失道之敗，而天
乃先出災害以譴告之。不知自省，又出怪異以警懼之。尚不知變，而傷敗乃至。」
（《漢書‧董仲舒傳》），以降災爲上天、上帝信仰之第一次譴告、以出怪異爲
天道思想形態之第二次譴告，乃二者相結合之理論。

　　與〈鮑叔牙與隰朋之諫〉、〈三德〉相對照,馬王堆西漢墓出土之〈經法〉、〈十六經〉等《黃帝書》(監譯者案:也稱《黃帝四經》)中,則以天道為基軸展開獨特之災異思想。〈經法〉主張,遵循日月星辰與四時之周期運行規則化之天道指示,區別刑德,不可超過天容許之度而招致災殃。這種例子非常豐富,如「周遷動作,天為之稽。天道不遠,入與處,出與反。」(〈四度〉)、「日信出信入,南北有極,〔度之稽也。月信生信〕死,進退有常,數之稽也。列星有數,而不失其行,信之稽也。……中略……明以正者,天之道也。」(〈論〉)、「始於文而卒於武,天地之道也。四時有度,天地之李(理)也。日月星晨(辰)有數,天地之紀也。三時成功,一時刑殺,天地之道也。」(〈論約〉)、「功成而不止,身危又(有)央(殃)」(〈國次〉)。〈十六經〉亦有相同思想之說,如「天道已既,地物乃備。」(〈觀〉)、「夫天行正信,日月不處」(〈正亂〉)、「毋逆天道,則不失所守。」、「天稽環周,人反為之客。」(〈姓爭〉)、「番(播)于下土」(〈三禁〉)等等。[16]

　　需要留意的是,《黃帝書》災異思想乃依據行星周期運行與十二星次、二十八宿之位置關係占卜吉凶,全無《左傳》與《國語》等所見占星術式之思考。雖然其中也有「列星有數,而不失其行,信之稽也。」(〈經法・論〉)、「日月星晨(辰)有數,天地之紀也。」(〈經法・論約〉)等,強調天體運行規則性之語句,然至於所指究竟何種具體規則則全無記述。「刑德皇皇,日月相望,以明其當。」(〈十六經・姓爭〉)雖然也以日、月之位置關係作為選擇刑、德之基準,但具體基準之內容則了無敍述。

―――――――――――――――

[16] 關於《黃帝書》天道思想,詳情請參見拙著:《黃老道の成立と展開》。

　　要之，《黃帝書》之天道思想著眼於將天體周期運行規則化。此則雖然爲《左傳》與《國語》所見史官之天道思想之殘餘，然而卻無其具體內容，或可視爲一種倒退現象。因之，儘管作爲缺乏具體內容之占星術或有共通之處，但不得不承認〈鮑叔牙與隰朋之諫〉與〈三德〉與《黃帝書》所出現之天體，其特徵仍然差異巨大。

　　以上將〈鮑叔牙與隰朋之諫〉之災異思想與諸文獻略作比較。結論認爲，〈鮑叔牙與隰朋之諫〉之災異思想與《詩經》、《尚書》之以上天、上帝信仰爲核心的時間順序結構，即：「①上天之災害→②國君之推測與反省→③改從善政→④解除天刑」不同，而以上天、上帝退居背後之時間順序，即：「①天象異變→②推測感知預言、反省→③改從善政→④避免災害」爲基本結構。這與《左傳》、《國語》之天道思想相近。又〈鮑叔牙與隰朋之諫〉之災異思想，儘管以日全食之天體異變爲預兆，但文中並未直接使用「天道」之語，以一種單純、樸素的形象之聯想出現，其中並無類似《左傳》、《國語》等以天體周期運行與十二分野、二十八宿之位置關係之預兆之占星術解釋之複雜體系。然而，〈鮑叔牙與隰朋之諫〉也許只是根據日食這一突發異變現象所撰寫而已，而因此我們不應該馬上推斷〈鮑叔牙與隰朋之諫〉之災異思想相較《左傳》、《國語》之占星術爲更爲古老之形態。考慮到《左傳》〈昭公七年〉、〈昭公三十一年〉等之中亦有涉及日食之預言記事，並鑑於上述先後關係之類型所屬不同，則〈鮑叔牙與隰朋之諫〉之災異思想大體仍舊應當視爲《左傳》與《國語》之天道思想系統。

三、日食之年代

最後探討第 1 簡所見日食記事之年代。〈鮑叔牙與隰朋之諫〉乃桓公聽取隰朋與鮑叔牙諫言，反省自躬之故事。與之相類似，因管仲之諫言桓公悔改自新之故事，《管子》書中所在多有。創作這些故事之目的究竟何在？《管子》之目的明確在於彰顯輔佐桓公霸業之名宰相、管仲之功績。同時亦乃作為齊之公族、特別是太子最初之教育公族子弟教材之用，通過桓公與管仲之間往來互動，教誨其作為齊之君主所應當具備之知識修養。而〈鮑叔牙與隰朋之諫〉著作目的蓋亦與之相同。

既假定〈鮑叔牙與隰朋之諫〉以此為撰寫目的，進而分析其中日食之記事。首先，簡文作者之意圖若是彰顯隰朋與鮑叔牙二人之功績以及公族子弟之教育，則〈鮑叔牙與隰朋之諫〉有可能全為虛構之故事。即有可能作者只為達成上述之目的，而完全無視故事之中是否屬於歷史事實這一點。如此則日食僅僅作為故事之假託，毫無必要深究〈鮑叔牙與隰朋之諫〉記述日食年代之細節。第二種可能性是，在日食記事之歷史事實基礎之上，虛構桓公與二人之問答部分。第三種可能性則為，儘管多少有些誇大其詞，但日食記事以及桓公與二人之間問答大體依據歷史事實。

以上三種可能性，無法判明孰者為真實。但是既然要通過桓公與隰朋、鮑叔牙二人之問答教育太子等公族子弟，使之具備與齊之君主身份相合適之知識，既然日食之事實乃見於齊國曆官、史官記錄之史記、而為齊之朝廷所傳承，若簡文作者全然無視日食之有無、無顧歷史事實而創造此文，蓋其說服效果應該頗受影響。

因此，筆者站在以日食記事反映出歷史事實為前提，乃探討〈鮑

叔牙與隰朋之諫〉所描述的日食之實際年代。據齊藤國治、小澤賢二：《中國古代の天文記錄の檢證》[17] 第Ⅱ章〈『春秋』の中の天文記錄〉的分析，桓公在位期間（公元前 685 年～前 643 年）《春秋》之日食記事如下所示共七見。此乃據魯都、曲阜觀測之記錄：

（1）莊公 18 年（公元前 676 年）…日帶食沒……桓公 10 年
（2）莊公 25 年（公元前 669 年）…大部分日食…桓公 17 年
（3）莊公 26 年（公元前 668 年）…半食分日食…桓公 18 年
（4）莊公 30 年（公元前 664 年）…大部分日食…桓公 22 年
（5）僖公 5 年　（公元前 655 年）…大部分日食…桓公 31 年
（6）僖公 12 年（公元前 648 年）…日帶食沒……桓公 38 年
（7）僖公 15 年（公元前 645 年）…非食（無日食）…桓公 41 年
　　　　（管仲、隰朋死去）

若以上列大部分日食為對象則僅（2）、（4）、（5）三例。又楊伯峻《春秋左傳注》謂，莊公十八年、莊公三十年、僖公五年、僖公十二年四回為「全食」。因此稍稍擴大範圍，則齊都、臨淄「日既」之記述可能為（1）、（2）、（4）、（5）、（6）五例。由上述五例是否可將可作為考察對象之日食作進一步確定？

　　隰朋與鮑叔牙所列舉桓公之惡行有「進芊明子以馳于倪。[18] 驅逐畋弋無期度。或以豎刁與易牙為相」等。其中至為關鍵者在於桓

---

[17]　東京：雄山閣出版，1992 年。
[18]　此處可解釋為桓公進攻宋附庸國小邾之事。桓公與宋、邾等聯合進攻背宋之倪之記事見於《春秋・莊公十五年》（公元前 679 年），但「芊明子」之人物不見於傳世文獻。

公開始重用豎刁與易牙二人之時期。《史記·齊太公世家》〉記載「管仲病。桓公問曰:『羣臣誰可相者』」,桓公向病重之管仲詢問今後誰可為國相。管仲對桓公「易牙如何」、「開方如何」、「豎刁如何」之詢問均表示強烈反對。然而「管仲死,而桓公不用管仲言,卒近用三子。三子專權。」是管仲死後,桓公乃重用易牙、豎刁、開方等三人,三人專權。如依據《史記》之記述,則〈鮑叔牙與隰朋之諫〉「以豎刁與易牙為相」之記述當在管仲與隰朋死去之桓公四十一年(公元前645年)以降,而與此相符合之日食並不存在。

是以《史記·齊太公世家》所記時間排列與〈鮑叔牙與隰朋之諫〉之間齟齬頗深。其原因蓋於司馬遷撰述《史記》之際所使用之原始資料。上文所述桓公與管仲之事,根據其內容大體相同來判斷,蓋依據《管子·小稱第三十二·短語六》。然而《管子》文中,管仲乃反對易牙、豎刁、堂巫、公子開方等四人,《史記》則僅為易牙、豎刁、開方等三人,二者稍別。二者之間差異在內容上更為擴大者則見於下述《管子·戒》:

　　管仲寢疾,桓公往問之,曰:「仲父之疾甚矣,若不可諱也。不幸而不起此疾,彼政我將安移之?」管仲未對。桓公曰:「鮑叔之為人何如?」管仲對曰:「鮑叔,君子也。千乘之國,不以其道予之,不受也。雖然,不可以為政。其為人也好善,而惡惡已甚,見一惡終身不忘。」桓公曰:「然則孰可?」管仲對曰:「隰朋可。朋之為人,好上識而下問。臣聞之,以德予人者謂之仁,以財予人者謂之良。以善勝人者,未有能服人者也;以善養人者,未有不服人者也。於國有所不知政,於家有所不知事,必則明乎!且朋之為人也,居其家不忘公門,居公

門不忘其家，事君不二其心，亦不忘其身。舉齊國之幣，握路家五十室，其人不知也。大仁也哉，其朋乎！」

管仲於病榻之際，接受桓公垂問繼任宰相之人選。管仲以鮑叔牙好惡過於分明，而推薦隰朋爲後任。但《說苑・復恩》作「鮑叔死，管仲舉上衽而哭之，泣下如雨。」與此相矛盾。如《說苑》爲確，則鮑叔牙死於管仲之前，而瀕死之際之管仲議論鮑叔牙不合適爲己之後任之事絕無可能。

《管子・戒》作「管子遂卒。卒十月，隰朋亦卒」，管仲在隰朋之先死去當爲確實。然而就鮑叔牙與管仲死之先後關係，則因相反資料存在而難以判斷。文獻本身之記述內容參差不齊，無法判定孰者爲確。在此狀況，司馬遷既然採用某特定文獻記述〈齊太公世家〉，我們能夠合理推測：在司馬遷所未見或未採用之文獻與〈齊太公世家〉記述之間存在著內容上的齟齬。

關於桓公開始重用豎刁與易牙二人之時期，〈鮑叔牙與隰朋之諫〉與《史記・齊太公世家》之間同樣地有差異，也沒有能判定二者是非之客觀標準。上博楚簡爲戰國中期（公元前 342 年～282 年）、公元前 300 年前後之寫本，而〈鮑叔牙與隰朋之諫〉之成立時期可以上溯至戰國前期（公元前 403 年～343 年）至春秋末。因此〈鮑叔牙與隰朋之諫〉比《史記》可能爲更古來之傳承。《尙書・高宗肜日》、《尙書大傳》、《史記・殷本紀》等所見之高宗故事，與〈鮑叔牙與隰朋之諫〉之內容之間存在相當之差異即可爲佐證。[19]

---

[19] 高宗肜祭時，雉飛止於祭祀所用青銅器前鳴叫故事，亦見於《尚書・高宗肜日》、《尚書大傳》、《史記・殷本紀》等。但此類典籍所記載之高宗故事與〈鮑叔牙與隰朋之諫〉所記旨趣稍異：《尚書・高宗肜日》：「高宗肜日，越有

　　儘管如此，仍然無法想像在管仲身爲宰相活動時期，桓公任命豎刁與易牙爲國相之可能性。無論如何，這樣的狀況之發生蓋爲桓公晚年之事。如此則前揭日食之中，可以當本文者蓋（5）僖公五年、桓公三十一年（公元前 655 年）之大部分日食，或（6）僖公十二年、桓公三十八年（公元前 648 年）之日帶食沒，二者之一。而滿足鮑叔牙與隰朋二人仍然健在、且管仲活動已趨衰弱之兩種情形，唯有公元前六四三年、桓公死去五年前發生之（6）。

　　不過作爲上天降下災殃至齊國之預兆，相比發生日食之際即將日落而言，白晝發生日全食顯然更具效果。就此論之，則（5）或更妥當。此則與傳世文獻記載內容相差甚遠，而桓公開始重用豎刁與易牙爲國相時間，則爲管仲死之前十數年之際。

　　前揭《中國古代の天文記錄の檢證》第Ⅱ章「『春秋』の中の天文記錄」以《春秋》所記載日食爲考察對象，實則亦有《春秋》所失載、日食發生之可能性。期待天文學專家對相應日食發生作進一步確定。[20] 又〈鮑叔牙與隰朋之諫〉開頭部分缺損，散佚簡或許記

雊雉。祖己曰：『惟先格王，正厥事。』乃訓于王，曰：『惟天監下民，典厥義。降年有永有不永；非天夭民，民中絕命。民有不若德、不聽罪，天既孚命正厥德，乃曰：『其如台。』嗚呼！王司敬民。罔非天胤典，祀無豐于昵。』」《尚書大傳・高宗肜日》：「武丁祭成湯，有雉飛升鼎耳而雊。武丁問諸祖己，祖己曰：『雉者、野鳥，不當升鼎。今升鼎者，欲為用也。無則遠方將有來朝者乎？』故武丁內反諸己，以思先王之道。三年，編髮重譯來朝者六國。孔子曰：『吾於《高宗肜日》見德之有報之疾也。』」《史記・殷本紀》：「帝武丁祭成湯，明日，有飛雉登鼎耳而呴，武丁懼。祖己曰：『王勿憂，先修政事。』祖己乃訓王曰：『唯天監下典厥義，降年有永有不永，非天夭民，中絕其命。民有不若德，不聽罪，天既附命正厥德，乃曰其奈何。嗚呼！王嗣敬民，罔非天繼，常祀毋禮于棄道。』武丁修政行德，天下咸驩，殷道復興。」

　　[20] 小澤賢二：〈上博楚簡による春秋日食記事の檢討〉（收入於《歷史的記錄と現代科學研究會集錄》，東京：國立天文台，2006 年 6 月）一文以臨淄位置為基準，推定桓公三十一年有日全食，又《春秋》所失載之桓公三十三年有金環食。

載了作爲導入正文之前、日食發生之前之狀況內容。若將來能夠發現這一部分內容，或對於日食之年代可作進一步限定。

第六章

〈姑成家父〉中的「百豫」

一、〈姑成家父〉原文與釋文

　　馬承源主編《上海博物館藏戰國楚竹書（五）》收錄一篇稱爲〈姑成家父〉之文獻。[1] 此篇總共有十簡，其中完整的竹簡即有六簡，殘缺的竹簡則有四簡。完整的竹簡長度是 44.2 公分。編綫有三道。每一簡大略有 50 至 60 個字，如此共有 466 字。其中包含八條重文，以及一條合文兼重文。本篇出土時並無篇名。整理者由第 1 簡的開頭四個字而稱爲〈姑成家父〉。第 10 簡的中間有黑色的「墨鉤」，而在此下留空白。因此此處應係篇尾。

　　〈姑成家父〉描述在於春秋中期（公元前 574 年）晉國貴族三郤氏（郤錡、郤至、郤犨）滅亡的事件。在篇中再三出現所謂「百豫」之名稱。而爲理解〈姑成家父〉之內容，「百豫」一詞乃是極爲重要的關鍵詞，但卻難以確定如此重要的「百豫」一詞的意涵。鑒於此，本文首先探討〈姑成家父〉的「百豫」之內容，然後也探討〈姑成家父〉的文獻特色。

---

[1] 上海：上海古籍出版社，2005 年。

　　〈姑成家父〉的釋文部分由李朝遠先生擔任，不過針對他所做的編排，學者已提出了不同編排的見解。其中尤以沈培先生在〈上博簡〈姑成家父〉一個編聯組位置的調整〉中所提示編排似最為合理，因而獲得多位學者之支持。[2] 因此本文也遵從沈先生的編排。以下，筆者乃提出由沈培先生編排的原文和筆者本人的釋文。

　　姑（苦）䧹（成）豪（家）父事敕（屬）公為士宫（憲），[3]
行征（正）詗（訊）弜（強），[4] 㠯（以）見亞（惡）於敕＝
公＝（屬公。屬公）無道、虐於百＝隸＝（百隸，百隸）反之。

---

　　[2] 請參考沈培：〈上博簡〈姑成家父〉一個編聯組位置的調整〉（武漢：武漢大學簡帛研究中心，「簡帛網」：2006 年 2 月 22 日）和〈關於抄寫者誤加「句讀符號」的更正意見〉（武漢：武漢大學簡帛研究中心，「簡帛網」：2006 年 2 月 25 日）

　　[3] 原釋文句讀為「為士宫行，正（征）詗（訊）弜（強）」，以「士宫行」為人名。不過文義不通。據季旭昇：〈上博五芻議（下）〉（武漢：武漢大學簡帛研究中心，「簡帛網」：2006 年 2 月 18 日）、周鳳五：〈上博五〈姑成家父〉重編新釋〉（收入於《中國簡帛學國際論壇 2006 學術研討會論文集》。武漢：武漢大學，2006 年 11 月）、劉洪濤：〈上博竹書《姑成家父》重讀〉（武漢：武漢大學簡帛研究中心，「簡帛網」：2007 年 3 月 27 日）等句讀為「為士，宛行正（征）詗（訊）弜（強）」，以「宫行」解釋為「婉行」（季旭昇先生）、「憲行」（周鳳五先生、劉洪濤先生），認為指郤犨之行為。這樣釋讀，卻會將郤犨的身份變為「士」。但是如「郤氏無基。且先君之嗣卿也」（《左傳・成公十三年》）、「是先君宗卿之嗣也」（《左傳・成公十四年》）、「公曰：一旦而尸三卿，不可益也」（《國語・晉語六》）等等例子所見，郤犨那時當為「卿」，因此上述的句讀不能成立。於是，先從周鳳五先生以「宫」釋為「憲」，再句讀為「為士宫（憲），行征（正）詗（訊）弜（強）」。「士憲」按《儀禮・聘禮》文中所見的「士帥」，釋為「軍隊之統帥者」。

　　[4] 原釋文以「詗弜」為地名，文義不通。按沈培先生、劉洪濤先生的見解，解釋為表達郤犨性格的表現。「詗」是「訊」之古字。

姑（苦）成豪（家）父呂（以）亓（其）族參（三）坒（郤）
正（征）百豫（豫）、不使反（返）。躬與士居館，[5] 旦夕絧
（治）之，思（使）又（有）君臣之節。參（三）坒（郤）
中立，呂（以）正上下之譌、弜（強）於公豪（家）。鑾（樂）
箸（書）欲乍（作）鞏（難），害參（三）坒（郤）。謂姑
（苦）戒（成）豪（家）父曰，為此殜（世）也從事，可
（何）呂（以）女（如）是亓疾與（歟）才（哉）。於言又
（有）之。袞（顧）褢（領）呂（以）至於含（今）才（哉）。
亡（無）道正也，伐宅逬（厭）适。[6] 虐（吾）子惛（圖）
之。姑（苦）虐（成）豪（家）父曰，虐（吾）敢欲袞（顧）
褢（領）呂（以）事殜（世）才（哉）。虐（吾）直立經（徑）
行，遠惛（慮）惛（圖）逡（後），唯（雖）不豈（當）殜
（世），句（苟）義，毋舊（舊）立死，可（何）馭（傷）
才（哉）。鑾（樂）箸（書）乃退，言於敕（屬）公曰，參
（三）坒（郤）豪（家）宔（厚），取宔（主）君之眾，呂
（以）不聽（聽）命。獎（將）大害。公恖（懼），乃命長
魚曷（矯）……坒（郤）奇（錡）聟（聞）之，告姑（苦）

---

[5] 原釋文釋為「與士仉垳旦夕絧之」，以「士仉」為人名，文義不通。按
何有祖：〈《季庚子問於孔子》與〈姑成家父〉試讀〉（武漢：武漢大學簡帛研
究中心，「簡帛網」：2006 年 2 月 19 日），將原釋文隸定為「廷」之字，釋讀為
「躬」。李旭昇先生以「仉」解釋為「處」，在此按鄙見釋讀為「居」。另外，
周鳳五先生、劉洪濤先生以「垳」釋為「官」，在此按鄙見釋讀為「館」。劉洪
濤先生解釋為「姑成家父親自選拔賢才，使任官職。」不過按前後文義脈絡，
沒有必要在此如此的描述。

[6] 原釋文為「伐宅逬（厭）适」，待考。按鄙見釋讀為「伐宅厭适」，以「厭」
為「壓」，以「适」為「速」。意思是自己宅邸被襲擊，轉眼壞滅。

戉（成）豪（家）父曰，呂（以）虗（吾）族參（三）垺（郤）與【百豫反】於君。[7] 祑（幸）則晉軝（邦）之社祖（稷）可旻（得）而事也。不祑（幸）則旻（得）字（免）而出。者（諸）矦（侯）畜我，隹（誰）不呂（以）厚。姑（苦）戉（成）豪（家）父曰，不可。君貴我而受（授）我眾，呂（以）我為能絧（治）。今虗（吾）亡（無）能絧（治）也，而因（因）呂（以）害君不義。型（刑）莫大安（焉）。唯（雖）旻（得）字（免）而出，呂（以）不能事君，天下為君者，隹（誰）欲畜女（汝）者才（哉）。初虗（吾）弜（強）立絧（治）眾，欲呂（以）長畫（建）宔（主）君往（禦）難。含（今）主君不狃[8]吾。古（故）而反亞（惡）之。虗（吾）毋又（有）它。正公事，雖（原「唯」）死安（焉）逃之。虗（吾）辭（聞），為臣者，必思（使）君旻（得）志於呂（己），而又（有）逡（後）請。姑（苦）戉（成）豪（家）父乃竈（寧）百豫（豫），不思（使）從呂（己）立菈[9]於廷。長魚蒿（矯）爇帶[10]自公所，攷（拘）人於百豫（豫），以內（納）繇（囚）之。姑（苦）戉（成）豪（家）父專（捕）長魚蒿（矯），樺（梏）者（諸）廷、與亓（其）妻與亓（其）母。公慍[11]亡（無）告＝弜（庫）＝

---

[7] 周鳳五先生補「白狄從」三字。在此按鄙見補了「百豫反」三字。

[8] 原釋文隸定為「逳」，按周鳳五先生的解釋，改為「狃」。

[9] 原釋文隸定為「思」，按沈培先生解釋為「不使從已立菈於廷」，改為「菈」。

[10] 原釋文隸定為「冊」，按周鳳五先生的解釋，改為「帶」。

[11] 釋文隸定為「恖」，按陳劍：〈《上博（五）》零劄兩則〉（武漢：武漢大學簡帛研究中心，「簡帛網」：2006 年 2 月 21 日）的解釋，改為「慍」。

門＝夫＝[12]（告庫門大夫，庫門大夫）曰，女（汝）出內庫之
縣（囚），◎而余（予）之兵。[13] 弓門夫＝（大夫）銜（率）
已（以）睪（釋）長魚蠚（矯）、惻（賊）參（三）坒＝（郤，
郤）奇（錡）坒（郤）至姑（苦）戓（成）豪（家）父立
死，不用亓（其）衆。參（三）坒（郤）既亡，公豪（家）
乃溺（弱），鑾（樂）箸（書）式（弒）敕（厲）公。△

上文大意：苦成家父（郤犨）仕奉晉厲公，擔任訓練且教導兵卒的
「士憲」之職。他的行為嚴正、說話態度強硬，厲公因此憎恨他。
由於厲公不明事理，也虐待由白狄組成的部隊，白狄部隊遂反叛厲
公。苦成家父於是動員了三郤一族征討白狄，以鎮定叛亂。苦成家
父平常（與白狄兵卒）共食宿，不分晝夜訓練兵卒，教導君臣之節。
三郤一族表態保持不偏袒任何勢力的中間立場，而由此立場匡正上
下之過失，盡忠勵勤於公室。

　　欒書心中一直有暗殺厲公的計畫。不過，他擔心會遭到（向厲
公盡忠且掌控白狄部隊的）三郤一族的妨礙。於是欒書告訴苦成家
父：「您為了世主勵勤效忠，厲公為什麼還如此恨您？有一句俚語
說：『盡瘁迄今卻不得遂願。』當在上位者無道，而您硬要貫徹正義
的話，那麼一家遭受討伐、一族潰滅之日不遠了。您不妨謀畫防止
這一天的到來。」苦成家父回答說：「我豈敢侈望向世主勵勤效忠，
而直到盡瘁還無法得志？我（不會受旁人的褒貶左右，只基於自己

---

　　[12] 原釋文隸定為「強門大夫」，在此按周鳳五先生的解釋，改為「庫門大
夫」。還有，這裡的符號應為錯誤，宜刪除。
　　[13] 原釋文以「◎」釋讀為「云」。按周鳳五先生見解，釋讀為「回」字，
解釋為「免」的意思。

的信念）直道而行，不顧眼前的利害，唯憂慮晉國的未來。哪怕世主不欣賞我，我只要能貫徹正義，就算不能長久仕君，要我立刻赴死也不會有什麼遺憾！」

（聽了苦成家父這段話，）欒書（放棄勸苦成家父加入他的陰謀）退下，卻教唆厲公說，「三郤家的勢力龐大，恃靠主上的白狄部隊，而不聽從公命。若放縱他們就會成爲主上的憂疾。」厲公聽了欒書的話開始感到恐懼，於是下命近臣長魚矯（讓他設計討伐三郤一族）。

郤錡聽到此消息，給苦成家父如下建議：「我們應該動員我們三郤和白狄的部隊先叛亂。假如我們排除厲公，我們三郤可以繼續保持晉國貴族之地位，而就算失敗，還可以逃到國外，諸侯一定以厚禮接納我們。」

然而苦成家父卻回答說：「不可以這麼做。主上之所以欣賞我而將白狄部隊委託給我，就是因爲我善御白狄部隊以爲晉國效勞。不能爲晉國效勞反而以此部隊弑君，這絕非正義之舉止，臣下的罪行莫過於此。即使成功逃出晉國，既然無法服從本國的主上，又怎能獲得天下之國君之庇護？當初我以堅定的態度將白狄之眾訓練成近衛部隊，欲藉近衛部隊之力排除將來降到主上的危難，以期厲公君位安泰。雖然如此，主上對我沒有什麼好感，從很久以前就開始憎恨我。狀況若是如此，我唯一的意願是堅持匡正主上之爲政，雖會因此迎向死亡，豈敢希望逃出於此？我曾經聽說過：『凡居於臣下之位者，在先實現主上的願望之後，才說出自己的願望。』」

苦成家父遂將白狄部隊留駐於兵營，並且未採取按自己的指揮讓部隊進入於朝廷的措施。長魚矯（預期三郤要動員白狄部隊）受厲公之命，赴至白狄部隊的兵營拘拿主要人物，帶他們回宮中監禁。苦成家父聞訊後，馬上逮捕了長魚矯，同他母親妻子一起戴上鐐銬

而拘於朝廷。厲公知情後大發雷霆，不過可靠的近臣都已不在，因此下命防守庫門之大夫曰：「你釋放受拘於內庫的囚犯，宣告他們免罪，然後給予兵器編成部隊！」守庫門之大夫率著囚犯部隊救出長魚矯，襲擊了三郤。郤錡、郤至以及苦成家父立刻被殺害，原屬他們的白狄部隊來不及反擊。因為三郤一族已滅亡，公室力量日漸削弱，欒書遂弒殺了厲公。

二、何謂「百豫」？

在〈姑成家父〉中，「百豫」這群人再三出現，並擔任非常重要的角色。「百豫」到底是什麼樣的群體？李朝遠先生對「百豫」加注解說：「地名、具體地望待考。『豫』即『豫』字，因是地名而仍作『豫』。」就是說，具體的地方不清楚，李先生推測應該是地名。但是，筆者認為如果以「百豫」為地名，不可能順利理解在〈姑成家父〉中記載的事件過程。

反此，周鳳五先生〈上博五〈姑成家父〉重編新釋〉曰：

> 百豫：當讀為「白狄」。百、白音近可通。豫、古音餘紐魚部；狄，定紐錫部。二部通假又見《淮南子・原道》：「一之解際天地。」《文子・道原》「解」作「蝦」。《儀禮・士虞禮》：「取諸左脇上。」鄭《注》：「古文曰左股上。」白狄原居於陝北，在秦、晉兩大國之間叛服無常，時而助晉攻秦，時而助秦攻晉，後來逐漸東遷，越過太行山，在今河北省境內建立中山國。

周先生出示以「百豫」為「白狄」的解釋，就是周先生獨具慧眼的

卓見。唯有採取以「百豫」為「白狄」的解釋才能理解〈姑成家父〉整體內容。因此，下面筆者對「百豫」為白狄說的妥當性進行驗證。

首先，確認從〈姑成家父〉記述的事件過程可供推測的「百豫」特性。〈姑成家父〉曰：「屬公無道，虐於百豫。百豫反。苦成家父以其族三郤征百豫，不使反。」從本段文字可得知「百豫」不能承受晉屬公的虐待，發動叛亂，而苦成家父率三郤一族的兵力鎮定叛亂，慰撫「百豫」使不復懷抱逆心。

那麼，「百豫」叛亂之際，為什麼由苦成家父負責平定叛亂？探討這問題的線索在〈姑成家父〉開頭的文字：「苦成家父事屬公為士憲。」因為苦成家父擔任「士憲」一職，所以接下討伐叛亂的任務。

筆者認為「士憲」是擔任訓練、教導軍隊的職位。「百豫」受虐待而發動叛亂以前是服從晉屬公的，苦成家父為「士憲」時訓練的軍兵應該就是「百豫」。所以苦成家父平定「百豫」叛亂之後，「躬與士居館，旦夕治之，使有君臣之節。」苦成家父與「百豫」一起寄居在兵營，再為了讓他們對晉屬公竭盡忠誠，努力教育他們。就是說，我們得理解「躬與士居館」的「士」和「百豫」都指同一群體。

同此，「三郤家厚，取主君之眾」、「君貴我而授我眾」、「初吾強立治眾」等的「眾」也應該是指「百豫」。此例證明苦成家父和三郤受晉屬公委託擔任訓練眾人之事。若是如此，三郤受晉屬公委託的「眾」無非就是「百豫」。

又，郤錡曰：「以吾族三郤與百豫反於君」，建議先發制晉屬公而造反。相反地，苦成家父回答曰：「君貴我而授我眾，以我為能治。今吾無能治也，而因以害君不義，刑莫大焉。」、「初吾強立治眾，欲以長建主君禦難。」兩者的對話顯然證明郤錡想發動叛亂的一支部隊就是晉屬公委託苦成家父和三郤的「百豫」。

苦成家父為了「欲以長建主君禦難」而管理「眾」，故不願用其「眾」殺害晉厲公，也拒絕了郤錡的建議。苦成家父採用「乃寧百豫，不使從己蒞於廷」的處置。因此，無疑地「眾」和「百豫」是同樣的一群人。正因為如此，〈姑成家父〉的文末部分說：「郤錡郤至苦成家父立死，不用其眾。」把不能以「百豫」增援三郤側兵力的事態表述「不用其眾」。

從以上考慮，〈姑成家父〉中的「士」、「眾」和「百豫」實際上顯然指同一群人。如果不先注意此點，就不可能精確地理解〈姑成家父〉所描述的事件之整體意涵。〈姑成家父〉中，根據「士＝眾＝百豫」的關係，可知「百豫」是具有下面特性的一群人。

第一，「百豫」既從屬晉厲公，又是苦成家父和三郤氏接受晉厲公委託訓練跟教育的軍兵。第二，正如苦成家父自己所說：「欲以長建主君禦難」，苦成家父打算培訓「百豫」，並將之養成為晉厲公的禁衛部隊，而這就是「百豫」駐守在晉國都城裡，特別在宮殿附近有兵營的部隊之原因。因此，郤錡打算發動政變之際，想動員「百豫」的兵力；而長魚矯「帶自公所，拘人於百豫，以納囚之」，設計先發制人而策劃封阻「百豫」的動作。第三，既然特稱為「百豫」，當為擔當某種特殊角色的部隊。

那麼，滿足以上這些條件的該是怎樣的群體？正如周鳳五先生已經指出，認為「百豫」是服屬於晉厲公、白狄出生的兵力。白狄是總稱為狄的異民族的一種，廣泛住在現在山西省、陝西省，即春秋時代的晉、秦的西北地域一帶。[14] 所以，對晉來說白狄是政治、

---

[14] 關於「狄」，請參見田中柚美子：〈晉と戎・狄—獻公の婚姻關係を中心として—〉（收於《國學院雜誌》第76卷第3號，1975年）；田中柚美子：〈晉をめぐる狄について〉（收於《中國古代史研究》第4冊，東京：吉川弘文館，1976年）；渡邊英幸：〈春秋時代の「戎」について〉（收於《集刊東洋學》第83號，2000年）；渡邊英幸：〈鮮虞中山と春秋時代の「華夏」について〉（收

軍事上不能忽視的勢力,《左傳》多次記錄晉跟白狄間的複雜關係。

> 晉人敗狄于箕。(〈僖公三十三年・經〉)
>
> 狄伐晉,及箕。八月戊子,晉侯敗狄于箕。郤缺獲白狄子。(〈僖公三十三年・傳〉)

公元前 627 年,即晉襄公元年,狄向晉國發動攻擊,並且侵入晉北邊地箕(山西省太原陽邑縣)。剛即位的晉襄公下命迎擊,在箕打敗狄軍。此次戰鬥中晉軍將官先軫衝進於狄陣而死,而郤缺立下俘虜白狄君主的大功。從箕凱旋之後,晉襄公曰:「以一命,命郤缺為卿,復與之翼,亦未有軍行。」晉襄公將因郤缺之父冀芮由於圖謀暗殺晉文公被沒收的翼(山西省河津縣冀亭)再度封給了郤缺,以作為他的采邑。

郤氏采邑冀比翼鄰、沃曲、絳、田新等等,但位在晉國都城的諸邑之西方,而其北邊和西邊鄰接白狄的領土。因此,可認為郤氏一族原有很多交流的機會,通曉白狄的內情。這些背景,都對郤缺俘虜白狄君主的軍功會有所影響。

我們來看《左傳》中的另一條記錄,其「宣公八年」條曰:

> 晉師白狄伐秦。(〈宣公八年・經〉)
>
> 八年,春,白狄及晉平。夏,會晉伐秦。(〈宣公八年・傳〉)

於《歷史》第 98 輯,2002 年);渡邊英幸:〈春秋時代の國際會盟と華夷秩序〉(收於入間田宣夫編:《日本・東アジアの國家・地域・人間》。仙台:入間田宣夫先生還曆記念論集編集委員會,2002 年)等研究。

公元前 601 年，即晉成公六年，這之前敵對的晉與白狄在晉國舉行聚會而締結和約，一變而爲組織聯軍攻秦。因此，可明知晉與白狄之間，有時敵對而戰，有時和睦而共同作戰，存在複雜的關係。

> 秋，晉侯會狄于攢函。（〈宣公十一年‧經〉）
> 晉郤成子求成于衆狄。衆狄疾赤狄之役，遂服于晉。秋，會于攢函，衆狄服也。是行也，諸大夫欲召狄。郤成子曰：「吾聞之：非德，莫如勤，非勤，何以求人？能勤，有繼。其從之也。《詩》曰：『文王既勤止。』文王猶勤，況寡德乎？」（〈宣公十一年‧傳〉）

接著，公元前 598 年，即晉景公二年，郤成子（郤缺）向衆狄提出和議。因爲衆狄老早埋怨赤狄對他們之任意驅使，於是答應了和議，晉國將使節派到狄國領土的攢函，並舉行聚會。對抗赤狄的衆狄應該也包括白狄。這時，晉國諸大夫主張讓狄國來到晉都締結和議。不過，郤成子向諸大夫勸導，晉國不該採強硬的態度，應該以誠懇的態度與狄國談和。由於「攢函之會」成功，赤狄潞氏四年後便滅亡。在此我們需要注意的是，在兩國之間郤成子乃擔任著談判者之角色。

> 六月癸酉，季孫行父、臧孫許、叔孫僑如、公孫嬰齊師師會晉郤克、衛孫良夫、曹公子首及齊侯戰于鞌。齊師敗績。（〈成公二年‧經〉）
> 齊侯免，求丑父三入三出。每出，齊師以帥退。入于狄卒，狄卒皆抽戈楯冒之。以入于衛師，衛師免之。（〈成公二年‧傳〉）

再來，公元前 589 年，晉景公十一年，晉、衛、曹、魯的聯軍大戰於齊國鞌，而且大敗了齊國。齊頃公原來好不容易逃出於晉國的追擊，他卻為尋覓代替自己被逮住的丑父，還驅戰車三次衝進於晉陣。齊頃公每次帶頭出擊之際，叱吒激勵就要敗走的士兵，而齊頃公本人進入於狄陣裡面。然而，狄國軍兵們缺乏鬥志。因此，他們一邊佯裝抽戈打仗，一遍卻掛盾牌遮蔽齊頃公，將齊頃公反推及衛國陣地。然而，衛國的軍兵們也竟沒對他加以攻擊，反而故意將他放走。如此，齊頃公平安回到齊都。

　　根據以上的記載，我們可以瞭解晉軍之中存在著「狄卒」的情況。在《左傳》經文裡列舉了對抗齊國的組織聯軍人名，其中並未包括狄國統領的名字。因此，這個「狄卒」可推測是編制入晉國的狄國投降兵卒，即被編入晉軍的獨專部隊。這時，統率晉軍的領導郤氏一族郤克，跟白狄國有密切的關係。因此，郤克將親自訓練的狄部隊編為晉軍之兵力，並且置於自己指揮之下的可能性非常高。

　　秦人、白狄伐晉。(〈成公九年・經〉)
　　秦人、白狄伐晉，諸侯貳故也。(〈成公九年・傳〉)

公元前 582 年，即晉景公十八年，秦國乘諸侯對於晉國沒有心服的情況，與白狄結盟，攻擊了晉國。這與在公元前 601 年之狀況相反地，白狄與秦國結盟，而敵對晉國。

　　夏，齊侯、陳侯、蔡侯、北燕伯、杞伯、胡子、沈子、白狄朝于晉。(〈襄公二十九年・傳〉)

公元前 545 年，即晉平公十三年，諸侯們派遣使節向前年在宋國會盟之際榮任諸侯盟主的晉國表示敬意，其中也有白狄的使節。根據《左傳·襄公十八年》的經文之「十有八年，春，白狄來」一段，我們得悉白狄國君為了跟魯國建立外交開始行動的狀況。而十年後，即在晉平公十三年，白狄國君再次為了與晉國建立友好關係，也展開外交活動。此為《左傳》中有關狄最後的記載。這樣的情形應該反映狄勢力後來衰退之事實。

　　如上所述，晉國和白狄之間存在著屢次互為轉變敵友的複雜關係。尤其對於晉國的郤氏而言，他們的采邑的冀鄰接於白狄國的領土，而在箕戰之時，郤缺還俘虜了白狄國君。之後，郤缺有時作為晉國代表，擔任跟眾狄折衝的角色；有時郤缺在郤克指揮之下的晉軍編制「狄卒」部隊。確實，他們一族與白狄國是有密切關係的。由是觀之，我們充分可以推斷，如〈姑成家父〉所示的，三郤受晉厲公委託而擔任訓練、培養的「百豫」，就是由從服屬晉國白狄中選出的軍兵所編成的白狄部隊。

　　周鳳五先生認為「百豫」中的「百」字可與「白」字通假，而這一點應該沒有問題。但，他對於「豫」字的說明是：由於在餘紐魚部和定紐錫部之間的音韻關係上也可以通假，他將「豫」隸定為「狄」。不過，此點可商榷。

　　在上博楚簡〈曹沫之陳〉，正如「不和於邦，不可以出豫。不和於豫，不可以戰」、「莊公曰：『為和於豫如何』。曹沫曰：『三軍出，君如親率，必聚群有司而告之，二三子勉之，過不在子在【君】。期會之不難，所以為和於豫』」、「三軍未成陳，陳未豫，行阪濟障，此散裏之忌」、「既戰復豫，號令於軍中曰，繕甲利兵」等例子所示，「豫」字多次出現。

在〈曹沫之陳〉中的「豫」字，是按照各備戰階段而發展的「邦
→豫→陳→戰」四種戰隊名稱之一，而它係指：雖已完成編制，而
由於還未進於戰場而尚未布置爲戰鬥陣型的部隊。也就是說，這裡
的「豫」就意指準備戰鬥的部隊。[15] 如先所述，因爲「百豫」是作
爲近衛以在完成編制的狀態常駐於宮殿附近的部隊，「百豫」之中的
「豫」字的意涵與〈曹沫之陳〉中的「豫」字應該相同。在〈曹沫
之陳〉之中的「豫」字顯現時間階段性的性質，而在〈姑成家父〉
之中的「豫」字則係指廣義之部隊名稱。總之，「百豫」在字意上係
「白」的「部隊」，意即：由白狄國出身的士兵來組成，而已經編制
完成的部隊。

當時的晉國都城平時沒有大規模形態的軍隊駐屯。爲了對外戰
爭而編成軍隊的時候，貴族們先由各自的采邑進行軍隊的編制之
後，集結於國都，以構成晉國國軍。戰爭結束後，國軍便在國都解
散，貴族們各自帶領自己的部隊回采邑，到了之後即解散。

相比而言，平時晉國宮中僅有少數的護衛兵卒而已。而且，貴族
們帶領到國都的兵卒之主要角色是保護貴族本人，因此它本來就濃厚
地具有貴族私兵的性格，也就是說，他們只聽從他們主人的命令而行
動。如此，在國都中幾乎沒有存在著國君本人掌握的直屬部隊。

在〈姑成家父〉中，企圖襲擊三郤的屬公命令庫門大夫解放內
庫的囚人，並且給他們武器，以急編制部隊。這就是反映出國都平
常並沒有隸屬國君的軍隊之事實。在這樣的情況，貴族一旦企圖動
用私兵弒害國君，國君就陷入危機。因爲如此，苦成家父訓練來自
白狄的兵卒，替屬公訓練近衛部隊，「欲以長建主君禦難。」

---

[15] 此處詳情請參見本書第二章。

由於白狄部隊原來跟晉國國內貴族們的爭權，與此相關的過去枉梏無關，會成為特定貴族的私兵之可能性比較低。因為如此，苦成家父由於「躬與士居館，旦夕治之，使有君臣之節」，來試圖讓他們成為只向晉君效忠的近衛部隊。由於我們能夠確認在公元前589年的鞌之會戰時晉軍中已經有「狄卒」之事實，在此晚十五年的公元前574年，若在晉都已有組織化的白狄部隊，也不足為奇。

原來在國君和貴族們的旁邊只有少數的護衛兵卒中的宮廷中，即使僅有數百名的人數，它是個獨大的兵力，其力量足以抑止宮中政變。若我們考慮到如此狀況，便可以理解企圖弒害厲公的欒書為何一直憂慮三郤會動用白狄部隊來護衛厲公之理由。

如「君貴我而授我眾，以我為能治」一句所示，厲公認為三郤善於統御白狄，因此，他將白狄降卒交給三郤，予以訓練。然而，厲公畢竟無法消除他對異族的嫌惡和對向背無常的白狄之不信任。結果，他對白狄部隊的虐待引起叛亂。厲公始終無法理解苦成家父的真意，而最後，被左右欒書的奸言煽動，反而加強他對三郤和白狄部隊的警覺，而最後毀滅了三郤。如此，抑止宮中政變的力量也隨之消滅，而僅僅三個月後，厲公也為欒書所弒害。[16]

總之，只要將「百豫」解釋為白狄部隊，我們便能理解〈姑成家父〉所描寫的事件之細部。筆者重申，周鳳五先生所提出之「百豫」即「白狄」的觀點無誤。

---

[16] 「三月厲公弒」（《國語・晉語六》）。

三、〈姑成家父〉的文獻特色

　　《左傳》與《國語》也記載三郤的滅亡，但各文獻所處理此事件之方式大異於〈姑成家父〉。下面，我們比較兩者的同時，也進一步探討〈姑成家父〉之文獻特質。首先，我們來看《左傳・成公十三年》關於郤氏的記載：

> 十三年，春，晉侯使郤錡來乞師，將事不敬。孟獻子曰：「郤氏其亡乎！禮，身之幹也；敬，身之基也。郤子無基。且先君之嗣卿也，受命以求師，將社稷是衛，而惰，棄君命也，不亡何為？」（〈成公十三年・傳〉）

　　公元前 578 年，即晉厲公三年，晉厲公為討伐秦國召集各國軍隊，也派遣郤錡去魯國要求出兵。由於此時郤錡的態度傲慢，魯國的孟獻子批評：帶君命來請求出兵，但是位居卿位的使者卻以橫蠻的態度使人埋怨，如此是無法實現君命的。孟獻子預言郤氏將來必定滅亡。

> 十四年，春，衛侯如晉，晉侯強見孫林父焉。定公不可。夏，衛侯既歸，晉侯使郤犨送孫林父而見之。衛侯欲辭。定姜曰：「不可。是先君宗卿之嗣也，大國又以為請。不許，將亡。雖惡之，不猶愈於亡乎？君其忍之！安民而宥宗卿，不亦可乎？」衛侯見而復之。衛侯饗苦成叔，甯惠子相。苦成叔傲。甯子曰：「苦成家其亡乎！古之為享食也，以觀威儀、省禍福也，故《詩》曰：『兕觥其觩，旨酒思柔。彼交匪傲，萬福來求。』今夫子傲，取禍之道也。」（〈成公十四年・傳〉）

公元前 577 年，即晉厲公四年，郤犨（苦成叔）受厲公之命，將逃
亡到晉國的孫林父返送到衛國，並且使他復職。衛侯叫甯殖負責設
宴接待郤犨，但郤犨的態度傲慢。因此，甯殖說，「苦成家其亡乎」，
其預言郤犨之滅亡。也就是，魯國的孟獻子預言郤氏將會滅亡之翌
年，接著衛國的甯殖也預言了郤犨會滅亡。

> 晉三郤害伯宗，譖而殺之，及欒弗忌。伯州犁奔楚。韓獻子曰：
> 「郤氏其不免乎！善人，天地之紀也，而驟絕之，不亡何待？」
> （〈成公十五年・傳〉）

公元前 576 年，即晉厲公五年，三郤將大夫伯宗視為障礙，時常散
播惡言而最後殺害他。欒弗忌也被捲入而被殺，而伯宗之子伯州犁
逃亡到楚國。晉國的韓厥預言說，連伯宗、欒弗忌等善人都遇害，
郤氏無法避免滅亡了。

> 晉侯使郤至獻楚捷于周，與單襄公語，驟稱其伐。單子語諸大
> 夫曰：「溫季其亡乎！位於七人之下，而求掩其上。怨之所聚，
> 亂之本也。多怨而階亂，何以在位？《夏書》曰：『怨豈在明？
> 不見是圖。』將慎其細也。今而明之，其可乎？」（〈成公十
> 六年・傳〉）

公元前 575 年，即晉厲公六年，晉厲公命令郤至將鄢陵之戰的戰利品
獻於周王室。郤至對接待他的單襄公不斷炫耀自己在此戰役之戰功。
單襄公對周王室的諸大夫說，郤至只位在新軍副將序列第八而已，而
卻說得猶如戰績全歸於他，如此只會招人怨恨，最後郤至將會滅亡。

如上述，公元前 578 年魯國孟獻子說：「郤氏其亡乎」；公元前577 年衛國甯殖說：「苦成家其亡乎」；公元前 576 年晉國韓厥說：「郤氏其不免乎」、「不亡何待」；以及公元前 575 年周王室寨襄公說：「溫季其亡乎」，《左傳》如此一來屢次預言三郤會滅亡。而公元前 574年，即晉厲公七年，這些預言實現了。《左傳》對此描述如下：

晉厲公侈，多外嬖。反自鄢陵，欲盡去群大夫，而立其左右。胥童以胥克之廢也，怨郤氏，而嬖於厲公。郤錡奪夷陽五田，五亦嬖於厲公。郤犨與長魚矯爭田，執而梏之，與其父母妻子同一轅。既，矯亦嬖於厲公。欒書怨郤至，以其不從己而敗楚師也，欲廢之。使楚公子筏告公曰：「此戰也，郤至實召寡君，以東師之未至也，與軍帥之不具也，曰：『此必敗，吾因奉孫周以事君。』」公告欒書。書曰：「其有焉。不然，豈其死之不恤，而受敵使乎？君盍嘗使諸周而察之？」郤至聘于周，欒書使孫周見之。公使覘之，信。遂怨郤至。厲公田，與婦人先殺而飲酒，後使大夫殺。郤至奉豕，寺人孟張奪之，郤至射而殺之。公曰：「季子欺余！」厲公將作難，胥童曰：「必先三郤。族大多怨。去大族，不逼；敵多怨，有庸。」公曰：「然。」郤氏聞之，郤錡欲攻公，曰：「雖死，君必危。」郤至曰：「人所以立，信、知、勇也。信不叛君，知不害民，勇不作亂。失茲三者，其誰與我？死而多怨，將安用之？君實有臣而殺之，其謂君何？我之有罪，吾死後矣。若殺不辜，將失其民，欲安，得乎？待命而已。受君之祿，是以聚黨。有黨而爭命，罪孰大焉？」壬午，胥童、夷羊五帥甲八百將攻郤氏，長魚矯請無用眾，公使清沸魋助之。抽戈結衽，而偽訟者。三郤將謀於榭，

矯以戈殺駒伯、苦成叔於其位。溫季曰:「逃威也。」遂趨。
矯及諸其車,以戈殺之。皆尸諸朝。(〈成公十六年‧傳〉)

上文大意是,由於鄢陵的勝利而轉爲傲慢態度的厲公,把諸大夫從
朝廷除排,企圖只靠嬖臣鞏固政權中樞。此時厲公所寵愛的嬖臣有
胥童、夷陽五、長魚矯、欒書之四人;他們都憎恨三郤。於是欒書
對厲公進讒言云:「郤至與鄢陵打仗之際,它們其實暗地裡通楚國。」
厲公被欒書的花言巧語所煽動,也開始怨恨郤至。

另外,在田獵之時,發生了寺人孟張搶奪郤至所得的豬,大怒
的郤至在厲公身旁射殺孟張的事件。厲公將此視爲輕視君上的行
爲,對郤至更加心憎。

在此時厲公要排除諸大夫,胥童乘機勸說厲公立即也要誅滅三
郤。厲公贊同,而開始準備襲擊郤至。郤錡聽聞,建議郤至先進攻
厲公。不過,郤至因爲認爲用國君所與的俸祿組成徒黨,然後以此
徒黨背叛國君,這絕非臣下應做的事。就這樣郤至不採納他的建議,
令他繼續等待國君之命。

原來胥童與夷陽五打算率領武裝兵八百人襲擊三郤,但長魚矯
卻建議不用兵力而用策略使三郤滅亡。厲公採用此建議,令近臣清
沸魋幫助他實行。長魚矯與清沸魋兩個人拔戈撩起裳裾,僞裝成互
相爭論要來聽三郤的意見,同時靠近在講武堂的相議的三郤,趁機
殺了他們。郤錡好不容易才得免於難,但長魚矯追上快坐車的郤錡,
也刺殺了他。最後三郤的屍體都以謀反罪暴晒於朝廷。

這是《左傳》所記三郤滅亡的始末。將《左傳》和〈姑成家父〉
所記的經過互爲相比,可發現很多不同之處與若干的相似點。〈姑成
家父〉作爲事件的伏筆,列舉以下四點:第一,郤犫是因行動嚴正、

講話強硬被厲公憎恨；第二，對企圖殺害厲公的欒書而言，三郤是
阻礙的存在；第三，因為拒絕企圖拉攏三郤的欒書，（姑成家父）被
進讒言誹謗；以及第四，厲公對擁有白狄部隊的三郤勢力感到不安，
相信欒書的讒言。

　　相比而言，《左傳》將事件的伏筆舉出三點：第一，厲公從鄢陵
勝利以後傲慢起來，開始轉換政治方針，也試圖把諸大夫從朝廷排
除，而以他的嬖臣作為政權基礎；第二，原來對三郤懷著私怨的五
人成了厲公嬖臣，而他們企圖引導厲公怨恨三郤，進而教唆厲公討
伐三郤；以及第三，厲公對三郤勢力感到不安，同意胥童的建議。

　　關於三郤遇害的經過，兩篇文章之間有明顯不同之處。在〈姑
成家父〉，直接殺害三郤的是長魚矯。長魚矯被三郤逮住之後，庫門
大夫所率的囚犯部隊襲擊三郤而殺害之。

　　與此相比，在《左傳》則，胥童與夷陽五率武裝兵八百要襲擊
三郤，結果長魚矯與清沸魋二人用詭計殺害三郤。

　　根據上述比較，〈姑成家父〉與《左傳》之間有很大的不同，不
過這兩篇文獻也有若干的類似點：就是在郤錡聽聞厲公準備討伐三
郤，而建議先攻擊厲公這一點。而且，對於郤錡的建議被拒絕，而
三郤始終沒有動兵力這一點，兩篇文獻也是一致的。拒絕郤錡建議
的對象，雖然〈姑成家父〉的記載為郤犫，《左傳》則為郤至的不同，
無論是郤犫或郤至，由於不可犯君臣之義，而拒絕先攻的建議這點，
兩者的寫法一致。

　　接下來探討的是《國語》：

　　晉既克楚于鄢，使郤至告慶于周。未將事，王叔簡公飲之酒，
　　交酬好貨皆厚，飲酒宴語相說也。明日，王叔子譽諸朝。郤至

見邵桓公，與之語。邵公以告單襄公曰：「王叔子譽溫季，以為必相晉國，相晉國，必大得諸侯，勸二三君子必先導焉，可以樹。今夫子見我，以晉國之克也，為己實謀之，曰：『微我，晉不戰矣！……中略……有五勝以伐五敗，而避之者，非人也。不可以不戰。欒、范不欲，我則強之。戰而勝，是吾力也。且夫戰也微謀，吾有三伐；勇而有禮，反之以仁。吾三逐楚軍之卒，勇也；見其君必下而趨，禮也；能獲鄭伯而赦之，仁也。若是而知晉國之政，楚、越必朝。』吾曰：『子則賢矣。抑晉國之舉也，不失其次，吾懼政之未及子也。』謂我曰：『夫何次之有？昔先大夫荀伯自下軍之佐以政，趙宣子未有軍行而以政，今欒伯自下軍往。是三子也，吾又過於四之無不及。若佐新軍而升為政，不亦可乎？將必求之。』是其言也，君以為奚若？」襄公曰：「人有言曰：『兵在其頸。』其郤至之謂乎！君子不自稱也，非以讓也，惡其蓋人也。……中略……今郤至在七人之下而欲上之，是求蓋七人也，其亦有七怨。怨在小醜，猶不可堪，而況在侈卿乎？其何以待之？「晉之克也，天有惡於楚也，故儆之以晉。而郤至佻天之功以為己力，不亦難乎？佻天不祥，乘人不義，不祥則天棄之，不義則民叛之。且郤至何三伐之有？夫仁、禮、勇，皆民之為也。以義死用謂之勇，奉義順則謂之禮，畜義豐功謂之仁。姦仁為佻，姦禮為羞，姦勇為賊。夫戰、盡敵為上，守和同順義為上。故制戎以果毅，制朝以序成。叛戰而擅舍鄭君，賊也；棄毅行容，羞也；叛國即讎，佻也。有三姦以求替其上，遠於得政矣。以吾觀之，兵在其頸，不可久也。雖吾王叔，未能違難。在《太誓》曰：『民之所欲，天必從之。』王叔欲郤至，能勿從乎？」郤至歸，明

> 年死難。及伯輿之獄,王叔陳生奔晉。(〈周語中‧單襄公論
> 郤至佻天之功〉)

上引《國語‧周語》的記載與前述《左傳‧成公十六年》的記載有
所對應。首先關於郤至自豪的部分,《左傳》只「驟稱其伐」一句,
而《國語》則用很長篇幅介紹郤至自矜鄢陵的軍功之內容。同樣地,
《國語》中郤至講述他要超過七個上位者,也透露要掌握晉國國政
的露骨奢望。再加上,單襄公對郤至的批判內容也比《左傳》詳細
而且激烈,甚至還描述給予郤至很高評價的周王叔也丟失其地位,
亡命晉國。如此,《國語》對郤至的描述以顯現出他是許多災殃之元
兇這一點的設計來進行。因此,兩篇文獻比起來,《國語》更增長對
郤至的負面形象,讓讀者更加信服三郤滅亡的必然性。下面的文字
也根據同樣主旨來描述三郤:

> 柯陵之會,單襄公見晉厲公視遠步高。晉郤錡見其語犯。郤犨
> 見,其語迂;郤至見,其語伐;齊國佐見,其語盡;魯成公見,
> 言及晉難及郤犨之譖。 單子曰:「君何患焉!晉將有亂,其君
> 與三郤其當之乎!」魯侯曰:「寡人懼不免於晉,今君曰『將
> 有亂』,敢問天道乎,抑人故也?」對曰:「吾非瞽、史,焉
> 知天道?吾見晉君之容,而聽三郤之語矣,殆必禍者也。」(〈周
> 語下‧單襄公論晉將有亂〉)

上文中三郤都被批判:郤錡的發言踰越不遜;郤犨以謊言騙人;郤
至傲慢自豪;據此,單襄公向魯成公預告晉國將有內亂,而三郤在
此滅亡。並且單襄公根據厲公的「視遠步高」的舉動,還預言連厲
公也必定無法避免禍殃。

我們接著看〈魯語〉：

> 子叔聲伯如晉謝季文子，郤犫欲予之邑，弗受也。歸，鮑國謂
> 之曰：「子何辭苦成叔之邑，欲信讓耶，抑知其不可乎？」對
> 曰：「吾聞之，不厚其棟，不能任重。重莫如國，棟莫如德。
> 夫苦成叔家欲任兩國而無大德，其不存也，亡無日矣。譬之如
> 疾，余恐易焉。苦成氏有三亡：少德而多寵，位下而欲上政，
> 無大功而欲大祿，皆怨府也。其君驕而多私，勝敵而歸，必立
> 新家。立新家，不因民不能去舊；因民，非多怨民無所始。為
> 怨三府，可謂多矣。其身之不能定，焉能予人之邑！」鮑國曰：
> 「我信不若子，若鮑氏有釁，吾不圖矣。今子圖遠以讓邑，必
> 常立矣。」（〈魯語上‧子叔聲伯辭邑〉）

魯國的子叔聲伯訪晉，謝絕郤犫的贈邑之提議而回國。鮑國問其所
以，子叔聲伯回答大意如下：「郤犫德少，國君卻非常寵愛他；身居
下位，卻要當國政之上座；未立大功，卻想享有高祿，所以他獨招
百姓的怨恨。厲公在鄢陵得勝，一定要排除舊勢力，以新興勢力組
成政權。此時首先成蕭清箭靶的，必定是身招人民之怨恨的郤犫。
就這樣，如果隨便接受郤犫贈邑，到時他下臺，連我也會牽涉受害，
我擔心這些，所以謝絕了。」如上所述，《國語》也詳細預告了三郤
的滅亡之必然。
　　以下是其滅亡之描述：

> 既戰，獲王子發鈎。欒書謂王子發鈎曰：「子告君曰：『郤至
> 使人勸王戰，及齊、魯之未至也。且夫戰也，微郤至，王必不

免。』吾歸子。」發鉤告君，君告欒書，欒書曰：「臣固聞之，
郤至欲為難，使苦成叔緩齊、魯之師，己勸君戰，戰敗，將納
孫周，事不成，故免楚王。然戰而擅捨國君，而受其問，不亦
大罪乎？且今君若使之於周，必見孫周。」君曰：「諾。」欒
書使人謂孫周曰：「郤至將往，必見之！」郤至聘於周，公使
覘之，見孫周。是故使胥之昧與夷羊五刺郤至、苦成叔及郤錡，
郤錡謂郤至曰：「君不道於我，我欲以吾宗與吾黨夾而攻之，
雖死必敗，君必危，其可乎？」郤至曰：「不可。至聞之，武
人不亂，智人不詐，仁人不黨。夫利君之富，富以聚黨，利黨
以危君，君之殺我也後矣。且眾何罪，鉤之死也，不若聽君之
命。」是故皆自殺。既刺三郤，欒書弒厲公，乃納孫周而立之，
寔為悼公。（〈晉語六・欒書發郤至之罪〉）

《國語・晉語六》也與《左傳・成公十七年》同樣地描述：事件的
開端是，欒書以利用當俘虜的楚王子與逃亡至周的孫周勸唆厲公，
陷害郤至。再者，此密謀成功，而厲公決定討伐三郤，就這一點而
言，兩篇文獻的描述一致。而且，關於郤錡察覺此密謀，並且建議
郤至先發制敵，但被拒絕這一點，兩篇描述一致。至於不盡相同的
地方，《左傳》以長魚矯與清沸魋為殺害的兇手，而《國語》則記述
胥之昧與夷羊五發動襲擊，並且三郤在遇害之前先自殺。由於《國
語》的描述比較詳細，比《左傳》更給人三郤傲慢的印象。不過總
體而言，《左傳》與《國語》的內容是大體上一致的。

　　到此，我們進一步分析〈姑成家父〉與《左傳》、《國語》的觀
點之間的差異。兩者最大的差別是對郤犨或三郤的看法。《左傳》、《國
語》的描述中，郤犨是傲慢、一心想抓權而薄德的人物，如下引文

所述：「苦成叔傲。」（〈成公十四年・傳〉）、「郤犨與長魚矯爭田執
而梏之，與其父母妻子同一轅。」（〈成公十七年・傳〉）、「郤犨見，
其語迂。」（〈周語下〉）、「夫苦成叔家，欲任兩國，而無大德。…
苦成氏有三亡。少德而多寵，位下而欲上政，無大功而欲大祿，皆
怨府也。」（〈魯語上〉）等等。

　　與此相反，〈姑成家父〉把郤犨描寫成一個勁地效忠於晉厲公的
忠臣，或富有正義感的大丈夫來描寫：「苦成家父事厲公為士憲，行
正訊淮，以見惡於厲公。」、「躬與士居館，旦夕治之，使有君臣之
節。」、「苦成家父曰：『吾敢欲顑頷以事世哉。吾直立怪行，遠慮
圖後，雖不當世，苟義，毋舊立死、何傷哉？』」等引文中顯現出
這樣的人格特質。

　　如此，雙方描寫的郤犨有互相很大的落差，而對於三郤全員的
看法也同樣地有岐見。《左傳》、《國語》反覆闡述對三郤全員的否定
見解。例如：「晉三郤害伯宗，譖而殺之，及欒弗忌。」（〈成公十
五年・傳〉）、「吾見晉君之容，而聽三郤之語矣，殆必禍者也。」（〈周
語下〉）。與此相反，正如「三郤中立，以正上下之過，強於公家。」
一句所示，〈姑成家父〉給整個三郤很高的評價。

　　《左傳》、《國語》與〈姑成家父〉的第二種差別在於前者並無
述及白狄部隊。〈晉語六〉郤錡建議曰：「欲以吾宗與吾黨夾而攻之。」
該篇言及三郤的宗族與「吾黨」的存在，但我們並不知道那是否為
白狄部隊。相比而言，在〈姑成家父〉中，「百豫」發揮重要的角色。
這點也是兩者之間的重要差異。

　　這樣《左傳》、《國語》完全以三郤為吃力不討好的角色，認為
他們的惡行給他們自己帶來滅亡。與此相反，〈姑成家父〉把三郤當
作維護正義的人物，說明他們的清高和正義感給他們自己帶來滅

亡。兩者間有此根本觀點上的差別。

　　然而，雖然兩者之間的基本觀點大相逕庭，但兩者間也有奇妙的共同點。第一點是晉厲公原來就厭惡郤犨或三郤。〈成公十七年・傳〉曰：「晉厲公侈多外嬖。反自鄢陵，欲盡去羣大夫而立其左右。」又〈魯語上〉曰：「其君驕而多私，勝敵而歸，必立新家。」而〈姑成家父〉曰：「行正訊淮，以見惡於厲公。」又曰：「今主君不狃吾。故而反惡之。」《左傳》、《國語》說明晉厲公因鄢陵之戰獲勝而驕慢，企圖排除舊勢力而用新勢力鞏固政權，而〈姑成家父〉則描寫晉厲公厭惡郤犨直言的個性。兩者之間，厲公厭惡三郤之理由有差別。不過，若假設晉厲公總是厭惡他受控三郤之支配，如上所述的差異就會變小。

　　第二個共同之處，是把欒書作為三郤滅亡的幕後操手。《左傳》如說：「欒書怨郤至，以其不從己而敗楚師也，欲廢之」，在此欒書要滅三郤的動機溯及在指揮鄢陵圍城時之私怨。而〈姑成家父〉則如說「欒書欲作難，害三郤」，欒書的動機是三郤會妨礙他弒晉厲公這一點。雖然兩者之間有動機上之差別，但是以欒書為主謀者這一點兩者相同。

　　第三點，郤錡預先察知晉厲公會襲擊，並且建議先發制人。

　　第四點，在〈姑成家父〉中的郤犨，在《左傳》、《國語》中的郤至，因堅守君臣之節義而拒絕郤錡的建議。三郤沒有發動攻擊而滅亡。

　　由此觀之，若我們暫且將預告三郤滅亡的《左傳》、《國語》的相關敘述放在考慮之外，而將討論的範圍限制於三郤遇殺害之事件本身，《左傳》、《國語》和〈姑成家父〉之兩邊對事件梗概之主要看法大體上一致。若只就事件的描述來判斷，特別引人注意的是幕後操縱此事件的欒書之毒辣、陰險性格。正如〈姑成家父〉說：「三郤

既亡，公家乃弱、樂書弒厲公」，又如《國語‧晉語六》說：「既刺三郤，樂書弒厲公，乃納孫周而立之」，若知道此事件隨後發展，對樂書之負面印象更加深。

　　給人深刻的影響之第二點是，郤犨（或郤至）之高潔辯論。〈姑成家父〉說：

> 不可。君貴我而授我眾，以我為能治。今吾無能治也，而因以害君不義。刑莫大焉。雖得免而出，以不能事君，天下為君者，誰欲畜汝者哉。初吾強立治眾，欲以長建主君禦難。今主君不狃吾。故而反惡之。吾毋有它。正公事，雖死焉逃之。吾聞，為臣者，必使君得志於己，而有後請。

《左傳》亦說：

> 所以立，信、知、勇也。信不叛君，知不害民，勇不作亂。失茲三者，其誰與我？死而多怨，將安用之？君實有臣而殺之，其謂君何？我之有罪，吾死後矣。若殺不辜，將失其民，欲安得乎？待命而已。受君之祿，是以聚黨。有黨而爭命，罪孰大焉？」（〈成公十七年傳〉）

《國語》亦云：

> 不可。至聞之，武人不亂，智人不詐，仁人不黨。夫利君之富，富以聚黨，利黨以危君，君之殺我也後矣。且眾何罪，鈞之死也，不若聽君之命。（〈晉語‧六‧樂書發郤至之罪〉）

他的辯說富有堅持君臣之義，而且爲此還願悠然赴死的高潔人格。

　　若將我們的考察焦點放在殺害三郤這一點，兩者都呈現出欒書的狡猾和郤犨（或郤至）的高潔之間的明顯對比。若我們以此共通點爲基礎，重新探討《左傳》和《國語》中對三郤的記載，便發現有矛盾：《左傳》和《國語》中描述記載三郤的驕慢、蠻暴行爲，而刻意將此當作預言中「三郤將滅亡」的伏線內容，而描寫三郤滅亡的時候將郤犨（或郤至）寫成向厲公恭順效忠的人物。此兩種不同因素之結合缺乏整合性。發生這樣的矛盾之理由可能是，雖然當時的人都知道三郤沒有抵抗而滅亡的事實，《左傳》和《國語》的敘述有事前的預言內容一定實現的預言結構，而由於《左傳》和《國語》作者把三郤滅亡之歷史事實生硬地要放在此預言結構之敘述中，便在預言部分不得不特別強調三郤的惡行（否則無法說明三郤爲何滅亡）。

　　儘管如此，事隔兩千多年之現在，我們無法得知《左傳》、《國語》和〈姑成家父〉間何者的記載反映事實。但是，由於〈姑成家父〉的發現，我們獲悉與《左傳》、《國語》完全不同的三郤評價之存在。[17]

---

[17] 關於《左傳》的成書年代，新城新藏：〈歲星の記事によりて左傳國語の製作年代と干支紀年法の發達とを論ず〉（《東洋天文學史研究》，東京：弘文堂，1928 年）認爲從公元前 365 年～330 年；鎌田正：《左傳の成立と其の展開》（東京：大修館書店，1963 年）則認爲公元前 320 年前後。在鎌田的研究之後，認爲《左傳》成書年代是在戰國中期的見解受到廣大的支持。然而，即使《左傳》的成書年代是戰國中期，其思想材料的文獻之成立時期則可追溯到戰國中期以前。而且對那許多文獻的成立時期，當然也需要靈活設想這些材料應包含整個春秋時代。關於這一點，可視爲與《左傳》有著姊妹關係的文獻——《國語》也一樣。在此值得提及的是，從湖南省慈利石板村三六號戰國楚墓出土的慈利楚簡包括《國語・吳語》，而慈利楚簡從公元前 300 年～314 年之間陪葬。若我們考慮從原著成立後經過重複轉寫、傳播、到墓主手中、再到墓主死後陪葬的時間之長度，確實證明在戰國中期（公元前 342 年～282 年）之前，《國語》在戰國前期（公元前 403 年～343 年）就已成書的情況。由於〈吳語〉記錄從公元前 494 年在會稽山降伏越王勾踐到公元前 473 年吳的滅亡，〈吳

那麼，〈姑成家父〉是何時成立之文獻？因為上博楚簡是戰國中期（公元前342年～282年）的後半，即公元前300年前後的抄本，原著成立的時期可溯至戰國前期（公元前403年～343年）到春秋後期（公元前526年～404年）。[18] 這裡我們應該注意的是，〈姑成家父〉中，白狄部隊與三郤有相當密切的關係，並且扮演了重要的角色這一點。如上所述，地理上晉國與狄之間原有密切的互動，特別三郤與白狄的關係相當緊密。不過，自公元前594年赤狄潞氏滅亡以後，狄人快速同化於華夏世界。至春秋後期，獨立勢力的狄幾乎消失。對戰國時期的人而言，曾保持異於漢族之獨立國家形態，在政治、軍事上與中原諸國互爭不下的敵國「狄」之存在，已成為一個遙遠的模糊記憶了。

經過以上探討，以三郤和白狄部隊的關係為中心說明三郤滅亡過程的〈姑成家父〉是由相當熟悉當時情勢之作者來撰寫的可能性比較高。[19] 由此可推測，〈姑成家父〉應該是在公元前574年三郤滅亡後不久的時期，由同情三郤之立場的人來撰寫的文獻。

語〉的編集時期應是公元前473年以後。又，《國語》所記錄最後的歷史事件是公元前453年知伯滅亡，這一點也是與《左傳》完全一樣的。由是觀之，筆者認為今本《國語》的編集時期應是從公元前453年～404年的春秋時代末期直到戰國前期的時期。若我們還考慮到《國語》和《左傳》之間的密切關係，可推測成為今本《左傳》之原型的歷史故事集之成書時間大體也在此時期。

[18] 對上博楚簡的書寫年代，參見淺野裕一編：《竹簡が語る古代中國思想——上博楚簡研究》（東京：汲古選書42，2005年4月）所收的「まえがき（前言）」。也參見《戰國楚簡研究》（台北：萬卷樓，2004年），「序章」。

[19] 上博楚簡包括很多的明確在齊、魯地方著作的文獻。如說：〈魯邦大旱〉、〈孔子見季桓子〉、〈弟子問〉、〈相邦之道〉、〈君子為禮〉、〈孔子詩論〉、〈曹沫之陳〉、〈季庚子問於孔子〉、〈子羔〉、〈仲弓〉、〈競公瘧〉、〈鮑叔牙與隰朋之諫〉等等。與此鮮明對比，在晉國著作的文獻不明確。正如〈姑成家父〉，從內容考慮，顯然是晉國裡著作的文獻，所以可認為〈姑成家父〉是表明在晉著作的文獻傳播至楚的最早之例。

第七章

〈競公瘧〉的為政與祭祀咒術

一、〈競公瘧〉的解釋

馬承源主編《上海博物館藏戰國楚竹書（六）》收錄篇題〈競（景）公瘧〉的一篇文獻。此文獻的分量相當於十三枚的竹簡。滿簡書寫，總有 489 字，其中有合文 2、重文 1。[1] 竹簡的兩端平齊，簡長為 55 公分左右，編綫有三道。篇題記於第 2 簡之背面。

　　這本文獻經過盜掘運至香港的過程之中，竹簡曾折成上、中、下三段，而且丟失了所有竹簡之下段。因此竹簡與竹簡之間，都沒有直接的連續性。上段與中段的簡長大約 20 公分，每簡有 20 字左右。就丟失的下段而言，簡長可能約 15 公分，應該有 15 字左右。

　　上段與中段的殘簡，能綴合者，有「第 1 簡、第 2 簡、第 3 簡、第 4 簡、第 7 簡、第 8 簡、第 9 簡、第 10 簡、第 12 簡、第 13 簡」一共十支；第 5 簡只殘存中段，第 6 簡只殘存上段，第 11 簡只殘存中段而已。此篇在第 13 簡中段結束文章，而此下面留空白。所以雖然沒有墨節符號，但可推測此篇到此結束。

---

[1] 上海：上海古籍出版社，2007 年 7 月。

　　就〈競公瘧〉的内容而言，很近似傳世文獻《左傳・昭公二十年傳》、《晏子春秋・外篇・景公有疾梁丘據裔款請誅祝史晏子諫》，以及《晏子春秋・内篇諫上・景公病久不愈欲誅祝史以謝晏子諫》。因此在與記載同一事件的傳世文獻相比對後，復原了此篇全體的結構，所以濮茅左先生的排列沒有問題。

　　在〈競公瘧〉中有祝官、史官展開咒術的有效性，以及與國君之德有關的議論。因而本文探討此篇所講的國君之爲政與祝史的祭祀咒術的關係，同時也探討〈競公瘧〉在古代思想史中佔何種地位。在探討〈競公瘧〉之前，筆者首先提出〈競公瘧〉原文與筆者的解釋。以【　】表示的部分，是筆者參照釋文注釋等補充的文字。

〔第1簡〕：齊競（景）公蚤（疥）虘（且）瘧（瘧），𫐄（逾）骰（歲）不已。割疾（瘁）與梨（梁）丘廢（據）言於公曰，虘（吾）幣帛甚婉（媺）於虘（吾）先君之量矣，吾珪琛（寶）大於虘（吾）先君之【數矣】[2]……

〔第2簡〕：公蚤（疥）虘（且）瘧（瘧），𫐄（逾）骰（歲）不已，是虘亡＝（吾無）良祝史（史）也。虘（吾）欨（欲）欹（誅）者（諸）祝吏（史），公舉頁[3]合（答）之尚（倘）狀（然），是虘（吾）所寬（望）於女（汝）也。盍誅之二子裓（急）牷（將）……

〔第2簡背面〕：競公瘧

---

　　[2] 釋文以此字推為「度」，按照鄙見補充「數」。
　　[3] 釋文以「頁」為人名。不過按照前後文脈，幾乎沒有出現「頁」的必然性。因此以「頁」釋為「頭」之意，將「與」隸定為「舉」，兩字合釋為舉頭之意。

〔第3簡〕：是言也。高子國子合（答）曰，身為新（薪），或可妖
　　　　　（祛）安（焉）。是信虗（吾）亡（無）良祝、吏（史），
　　　　　公盍歕（誅）之。安（晏）子夕（惜）二夫＝（大夫）
　　　　　退。公內（入）安（晏）子而告之。若亓（其）告高子
　　　　　【國子】[4]……

〔第4簡〕：【屈】[5]木為成於宋，王命屈木昏（問）：靶（范）
　　　　　武子之行安（焉）。文子合（答）曰。夫【無】[6]吏（使）
　　　　　亓（其）厶（私），吏（使）聖（聽）獄於晉邦，塼（溥）
　　　　　情而不悆（愉）吏（使）亓（其）厶（私）。祝吏（史）
　　　　　進……」

〔第5簡〕：……思聖，外內不發（廢）。可[7]因於民者，亓（其）
　　　　　祝吏（史）之為亓（其）君祝敓（說）也。正□……

〔第6簡〕：亡矣。而湯清者，與旻（得）萬福安（焉）。今君之
　　　　　貪惛（昏）蚼（苛）匿（慝），幣韋（違）……

〔第7簡〕：君祝敓（說），毋專青（情），忍辠虖（乎），則言
　　　　　不聖（聽），青（請）不隻（獲）。女（如）川（順）
　　　　　言弇亞（惡）虖（乎），則忎（恐）後歕（誅）於吏（史）
　　　　　者。古（故）亓（其）祝吏（史）褺（製）薆岩（端）
　　　　　折祝之，多塝（訏）言……」

〔第8簡〕：禣（詛）為亡（無）戙（喪）▄祝亦亡（無）益▄。
　　　　　今新（薪）登（蒸）思吳（虞）守之；翬（澤）梨（濟）

---

[4] 按照前後文脈，補充「國子」二字。
[5] 從釋文補充「屈」字。
[6] 按照前後文脈補充「無」字。
[7] 此「可」字當做「所」義。

　　　　　　吏（史）斂守之；山㭒（林）吏（史）䕼（衡）守之。
　　　　　　瞾（舉）邦為欽（斂），約（要）夾（挾）者闌（忨），
　　　　　　縛縺（應）者貹（枉）。眾……

〔第 9 簡〕：明德觀行。勿（物）⁸而未者（著）也，非為媺（美）
　　　　　　玉肴生（牲）也。今內寵又（有）割疾（瘝），外=（外，
　　　　　　外）【寵】⁹又（有）梨（梁）丘㙻（據）縈（縈）忐
　　　　　　（狂），公退武夫亞（惡）聖人，番涅壓（臧）菩（言）
　　　　　　吏（使）……

〔第 10 簡〕：【外寵】¹⁰之臣，出喬（矯）於䢍（鄙）。自古（姑）
　　　　　　蚩（尤）㠯（以）西，翏（聊）䚄（攝）㠯（以）東，
　　　　　　亓（其）人婁（數）多已。是皆貧痞（苦）約㾼（病）
　　　　　　瘩（疾），夫婦皆祖（詛）一攴。夫埶（執）媺（美）
　　　　　　之幣三布之玉，唯是▢……

〔第 11 簡〕：……亓（其）左右相佁（公）自善曰；盍必死愈為樂
　　　　　　虖（乎）。古（故）死亓（其）牏（將）至，可（何）
　　　　　　怠（仁）……

〔第 12 簡〕：二夫可¹¹不受皇埕■，則未貝（得）與昏（聞）■。
　　　　　　公弜迟（起），退笟（席）曰：善才（哉），厓（吾）
　　　　　　▢晏子，是壤（讓）追之言■也。祭正（政）不隻，未
　　　　　　㠯（以）至於此。神見厓（吾）遝（徑）……

────────────

　　⁸ 此「物」字當做「事」義。
　　⁹ 釋文釋為「外」的重文附號，隸定「外外」，而文義不通。雖然越出平常
的用法，不過上文筆者把「=」釋為「內寵」之「寵」字的重文附號，本文當
為「外寵」。
　　¹⁰ 按照釋文補充「外寵」二字。
　　¹¹ 此「可」字也當做「所」義。

〔第13簡〕：青（請）祭與正（政），安（晏）子訂（辭）。公或
　　　　　 胃（謂）之，安（晏）子許若（諾）。命割疾（瘧）不
　　　　　 敢監祭，梨（梁）丘虘（據）不敢監正。旬又（有）五，
　　　　　 公乃出見逝。[12]

上文大意：

〔第1簡〕：齊景公患了有時二日發燒一次、有時一日發燒一次的
　　　　　 瘧疾症狀，到了新年病竟沒痊癒。（寵臣）割瘧與梁丘據
　　　　　 於是說：「我們向（宗廟、天地、山川的）神靈奉獻的幣
　　　　　 帛，與先君時比起來多了一倍；並且我們向（宗廟、天
　　　　　 地、山川的）諸神奉獻過的寶玉，與先君之時相比更多。
〔第2簡〕：齊景公害起瘧疾，過了新年還沒治癒的緣故，是因為
　　　　　 在齊國沒有優秀的祝官與史官。我們（割瘧與梁丘據）
　　　　　 因為職責之故，主張要誅殺他們，但是景公驚訝得仰起
　　　　　 臉而說不出話。因此，我們便請求您們（高子與國子）。
　　　　　 為何您們不馬上誅殺祝佗與史固兩人，並且而……？」
〔第3簡〕：……是如此。高子與國子回答說：「有大事，即使身體
　　　　　 被燒掉也務必向諸神祈求。如果我國真的沒有優秀的祝
　　　　　 官與史官的話，景公為何不誅殺他們（祝佗與史固）
　　　　　 呢？」……晏子（在等候之間）獲悉高子與國子聽從兩
　　　　　 個寵臣的意見，從景公面前退出，很失望。景公則召見

---

[12] 釋文釋為「折服」之義，文義不通。把「折」改為「逝」，釋為「去」之義。

晏子，並將一連串的事情轉告晏子⋯⋯於是晏子告訴高
子與國子⋯⋯

〔第4簡〕：(楚令尹)屈木在宋會盟立功的時候，楚康王命屈木問
晉大夫范武子（范會）之情狀。晉文子（趙武）針對屈
木的詢問，回答說：「范武子不敢隨心所欲，爲了盡聽獄
之職責，把誠心擴充到所有的地方，不願意堅持己見。
祝官與史官進前去⋯⋯

〔第5簡〕：⋯⋯若考慮聖，在家內外沒有什麼障礙。人民的渴望
與祝官史官爲了國君祈禱的內容相同。正□⋯⋯

〔第6簡〕：(夏朝)已經滅亡了。相比之下，商湯王因純清之故，
獲得萬福。現在主公您貪婪而不悉道理，對別人苛刻，
但對自己的惡行卻寬容，幣不符合（先君的前例）⋯⋯

〔第7簡〕：景公之祝詞內容並未盡誠心，面對自己的過錯也抱持
不誠實的態度。因此，神靈不會聽從，並且請求也不爲
諸神所接納。如果按照虛僞的祝詞掩蓋自己的壞事，勢
必遭到後世史官之筆誅。因此，國君所任命的祝官與史
官捏造不公正的祝詞，而且舉行虛僞的祈禱，就使謊言
更多⋯⋯

〔第8簡〕：(民眾對景公的)詛咒的力量不會減少，而（爲了治癒
景公瘧病由祝官與史官舉行的）祈禱則不會發揮什麼作
用。現在，(燃料)如木柴、枯草都由思虞之官吏來管理；
山林由史敫之官吏來管理（結果，國君壟斷由山林藪澤
獲得的利益）。而且，在全國都徵收稅款之情形下，左右
輔弼的臣下只牟利，司法的官吏無規矩亂搞。民眾⋯⋯

〔第9簡〕：評估對方一定要由明德。在明知事物的本質之前，不

敢奉獻美玉肴牲（而以此向神祇祈禱）。現在內寵的臣下
有割瘇，外寵的臣下有梁丘據；相反地，景公斥退勇士、
憎惡聖賢人，交由下僕般阿諛奉承之徒任事……

〔第10簡〕：外寵的臣下，一出都城到鄉下就謀身貪利。從姑、尤
的西邊，到聊、攝的東邊，齊國的人民居多。他們都煩
惱貧窮與窮困，所以憎恨國君。夫妻齊心詛咒景公之身
遭殃。原來奉獻美幣三布之玉，只會……

〔第11簡〕：左右的近臣自認為善盡自己的職責，同時說：人總一
定會死，為何在活的時候不享受極限的快樂？死期要到
了，為何……

〔第12簡〕：既然（祝佗與史固）兩人已處於不能秉承上帝的保護，
也無法接到（要祓除天罰的）啟示。景公立即站起來並
退席，而說道：「善哉！我能從晏子聽到徹底追查邪惡之
意見。調和祭祀與為政，這是最好的建言。諸神既俯覽
了我的邪惡……

〔第13簡〕：（景公）請晏子擔任祭祀與為政兩職，然而晏子謝絕
了。不過景公每次見晏子都切盼地要求，晏子乃接命了。
（景公）不讓割瘇干涉祭祀，亦不讓梁丘據干預為政。
十五日之後，景公離開居室之時，便感到病癒了。

二、〈競公瘧〉的整體結構

〈競公瘧〉亡失全文超過三分之一的竹簡，因此有些論點尚不
清楚。為了復原全體的結構，必須與傳世文獻中與〈競公瘧〉記載
相同事件的描述相比較。下面是與〈競公瘧〉的內容非常相近的傳
世文獻，引用全文之後介紹其論述之展開。

〔A〕齊侯疥,遂痁,期而不瘳。諸侯之賓問疾者多在。梁丘據與裔款言於公曰:「吾事鬼神豐,於先君有加矣。今君疾病,為諸侯憂,是祝、史之罪也。諸侯不知,其謂我不敬,君盍誅於祝固、史囂以辭賓?」公說,告晏子。晏子曰:「日宋之盟,屈建問范會之德於趙武。趙武曰:『夫子之家事治;言於晉國,竭情無私。其祝、史祭祀,陳信不愧;其家事無猜,其祝、史不祈。』建以語康王。康王曰:『神、人無怨,宜夫子之光輔五君以為諸侯主也。』」公曰:「據與款謂寡人能事鬼神,故欲誅於祝、史,子稱是語,何故?」對曰:「若有德之君,外內不廢,上下無怨,動無違事,其祝、史薦信,無愧心矣。是以鬼神用饗,國受其福,祝、史與焉。其所以蕃祉老壽者,為信君使也,其言忠信於鬼神。其適遇淫君,外內頗邪,上下怨疾,動作辟違,從欲厭私,高臺深池,撞鍾舞女。斬刈民力,輸掠其聚,以成其違,不恤後人。暴虐淫從,肆行非度,無所還忌,不思謗讟,不憚鬼神。神怒民痛,無悛於心。其祝、史薦信,是言罪也;其蓋失數美,是矯誣也。進退無辭,則虛以求媚。是以鬼神不饗其國以禍之,祝、史與焉。所以夭昏孤疾者,為暴君使也,其言僭嫚於鬼神。」公曰:「然則若之何?」對曰:「不可為也:山林之木,衡鹿守之;澤之萑蒲,舟鮫守之;藪之薪蒸,虞候守之;海之鹽、蜃,祈望守之。縣鄙之人,入從其政;偪介之關,暴征其私;承嗣大夫,強易其賄。布常無藝,徵斂無度;宮室日更,淫樂不違。內寵之妾,肆奪於市;外寵之臣,僭令於鄙。私欲養求,不給則應。民人苦病,夫婦皆詛。祝

有益也，詛亦有損。聊、攝以東，姑、尤以西，其為人也多矣。雖其善祝，豈能勝億兆人之詛？君若欲誅於祝、史，脩德而後可。」公說，使有司寬政，毀關，去禁，薄斂，已責。（《左傳‧昭公二十年》）

① 齊侯得疥痁的病，過了一年未癒。

② 梁丘據與裔款建議齊侯說：「比先君更熱心祭祀，病却一直未癒。這是負責祭祀的祝官與史官的責任。應該誅殺祝固與史嚚，當作對其他國的慰問使節的交代。」

③ 齊侯聽了很高興，而徵求晏子的意見。於是晏子談起宋會盟時楚屈建從趙武聽到的有關范會為人之故事。范會盡心盡力治理家事與國政，如果國家祭祀的時候范會受讚許，祝史不必要慚愧。范會對於家事也不偽欺，他家的祝與史皆不為范會祈福。屈建把對范會的評論報告楚康王，而康王說：「既然神、人對范會都沒有怨恨，他能夠輔佐晉之五位國君而使他們成為盟主是理所當然。」

④ 齊侯反問：「我覺得梁丘據與裔款的進言很有道理，也想誅殺祝史。正在那個時候，你為何談起對范會的評論？」

⑤ 晏子回答：「如果國君有德，祝史稱讚國君並且為他造福祈禱，鬼神必然會接納此願望，如此一來國家、祝史都可以享受其福報。反之，如果國君暴虐，他重犯殘暴的行動卻無反省，也不懼鬼神而停止為惡。於是鬼神怒而民眾怨；正在此時，若祝和史把真實報告給鬼神，變成他們毀謗自己的國君。如果隱蔽國君的惡行而稱讚他，結果則變成欺騙鬼神。既然如此，只無可奈何地以無根據的空言而向鬼神討好，鬼神不會接納其祭祀。如此，國家、

祝史都不能獲得福報。無論盡心祭祀、祈禱福利到何種程度，其人民仍然會夭折又得病。這是因爲祝史侍奉的國君暴虐，他們的禱詞不由得虛僞之緣故。」

⑥ 於是齊侯問如何處理祝史？晏子回答：「國君使官吏管理山林藪澤而壟斷其利益。地方的民衆被動員去參加國都的苦役，在關卡被徵收過分的通行稅。大夫強迫商人忍受對己有利的交易，法、稅都不守制度，頻繁地興建重修宮殿，演奏淫蕩的音樂。內寵的女人從市場巧取豪奪貨物，外寵的臣下在地方牟利。

⑦ 政治已陷於如此紊亂之極，民衆困窮，而不分男女都詛咒您。祝官與史官爲國君祈福，但民衆卻詛咒他。居住在聊攝之東、姑尤之西的齊國人民很多。哪怕祝官和史官再爲國君祈福，也不可能勝過億兆民衆的詛咒。若要誅殺祝史，國君先必須修德，然後才可以採取如此手段。」

⑧ 齊侯聽了晏子的發言很高興，反省而施善政。

〔B〕景公疥，遂痁，期而不瘳。諸侯之賓問疾者多在。梁丘據、裔款言於公曰：「吾事鬼神豐，于先君有加矣。今君疾病，爲諸侯憂，是祝史之罪也。諸侯不知，其謂我不敬，君盍誅于祝固史嚚以辭賓。」公說，告晏子。晏子對曰：「日宋之盟，屈建問范會之德於趙武，趙武曰：『夫子家事治，言于晉國，竭情無私，其祝、史祭祀，陳信不愧；其家事無情，其祝史不祈。』建以語康王，康王曰：『神、人無怨，宜夫子之光輔五君，以爲諸侯主也。』」公曰：「據與款謂寡人能事鬼神，故欲誅于祝史，子稱是語，何故？」對曰：「若有德之君，外內不廢，上下無怨，動無違事，其祝、史薦信，

無愧心矣。是以鬼神用饗，國受其福，祝、史與焉。其所以蕃祉老壽者，為信君使也，其言忠信於鬼神。其適遇淫君，外內頗邪，上下怨疾，動作辟違，從欲厭私，高臺深池，撞鐘舞女，斬刈民力，輸掠其聚，以成其違，不恤後人，暴虐淫縱，肆行非度，無所還忌，不思謗讟，不憚鬼神，神怒民痛，無悛於心。其祝、史薦信，是言罪也；其蓋失數美，是矯誣也；進退無辭，則虛以求媚，是以鬼神不饗其國以禍之，祝、史與焉。所以夭昏孤疾者，為暴君使也，其言僭嫚于鬼神。」公曰：「然則若之何？」對曰：「不可為也。山林之木，衡鹿守之；澤之萑蒲，舟鮫守之；藪之薪蒸，虞候守之；海之鹽、蜃，祈望守之。縣鄙之人，入從其政；偪介之關，暴征其私；承嗣大夫，彊易其賄；布常無藝，徵斂無度；宮室日更，淫樂不違；內寵之妾，肆奪于市，外寵之臣，僭令於鄙；私欲養求，不給則應。民人苦病，夫婦皆詛。祝有益也，詛亦有損，聊、攝以東，姑、尤以西，其為人也多矣！雖其善祝，豈能勝億兆人之詛！君若欲誅於祝、史，修德而後可。」公說，使有司寬政，毀關去禁，薄斂已責，公疾愈。

（《晏子春秋・外篇・景公有疾梁丘據裔款請誅祝史晏子諫》）

① 齊景公得疥痁的病，過了一年未瘥。

② 梁丘據與裔款建議齊侯：比先君更熱心祭祀而病還未痊癒，這是負責祭祀的祝官與史官的責任。應該誅殺祝固與史囂，當作對各國慰問使節的答覆。

③ 齊侯很聽了很高興，也徵求晏子的意見。於是晏子談起宋會盟時楚屈建問趙武對范會的評論。范會盡心盡力經營家事與國政，

因此國家於祭祀之時稱讚范會，祝史不必慚愧。范會對家事也不僞欺，他家的祝與史不必要爲他祈福。屈建把范會這個人的評論報告楚康王。康王說：「既然神、人都對范會沒有怨恨，他輔佐晉之五位國君而使他們爲諸侯盟主是理所當然的。」

④ 齊侯說：「我覺得梁丘據與裔款的進言很有道理，也想誅殺祝與史。正在那個時候，爲什麼你談起對范會的評論？」

⑤ 晏子回答說：「如果國君有德，並且祝史稱讚國君而爲他祈福，鬼神會接納他的願望。如此，國家和祝史都可以如同國君那樣受福。反之，如果國君暴虐，他重犯殘暴的行爲而無反省，並且不懼鬼神而停止行惡，鬼神怒而民眾怨。到這時，若祝史把真實情況報告於鬼神，就代表毀謗國君。如果隱蔽國君的惡行而稱讚他，就是欺騙鬼神。既然如此，無可奈何地以無根據的空言而向鬼神討好，鬼神不會接納這樣的祭祀，國家與祝史都不可能受福。故無論到何種程度盡心祭祀、祈福，人民仍會夭折、得病，這是因爲祝史侍奉的人就是暴虐的國君，他們的禱詞乃是虛僞的緣故。」

⑥ 於是齊侯問：「那麼應該如何處理祝史？」晏子回答曰：「國君使官吏管理山林藪澤而壟斷利益。地方的民眾被動員去參加國都的苦役，在關卡被徵收過分的通行稅。大夫強迫商人以對大夫有利的條件交易，法、稅都不守制度，頻繁地修建宮殿，演奏淫蕩的音樂。內寵的女人從市場巧取豪奪貨物，外寵的臣下在地方牟利。

⑦ 政治如此紊亂，而民眾困窮。不分男女都合心詛咒。祝官與史官爲國君祈福，但民眾卻詛咒他。居住在聊攝之東，姑尤之西的齊國人民很多。無論祝官，史官如何祈禱，也不可能超過億兆

　　民眾的詛咒。若想誅殺祝與史，不如國君率先修德，然後才可
　　以處置他們。」

⑧ 齊侯聽了晏子的發言很高興，反省而施善政，之後便痊癒了。

〔C〕景公疥且瘧，期年不已。召會譴、梁丘據、晏子而問焉，曰：
　　「寡人之病病矣，使史固與祝佗巡山川宗廟，犧牲珪璧，莫不
　　備具，數其常多先君桓公，桓公一則寡人再。病不已，滋甚，
　　予欲殺二子者以說于上帝，其可乎？」會譴、梁丘據曰：「可。」
　　晏子不對。公曰：「晏子何如？」晏子曰：「君以祝為有益乎？」
　　公曰：「然。」「若以為有益，則詛亦有損也。君疏輔而遠拂，
　　忠臣擁塞，諫言不出。臣聞之，近臣嘿，遠臣瘖，眾口鑠金。
　　今自聊攝以東，姑尤以西者，此其人民眾矣，百姓之咎怨誹謗，
　　詛君于上帝者多矣。一國詛，兩人祝，雖善祝者不能勝也。且
　　夫祝直言情，則謗吾君也；隱匿過，則欺上帝也。上帝神，則
　　不可欺；上帝不神，祝亦無益。願君察之也。不然，刑無罪，
　　夏商所以滅也。」公曰：「善解予惑，加冠！」命會譴毋治齊
　　國之政，梁丘據毋治賓客之事，兼屬之乎晏子。晏子辭，不得
　　命，受相退，把政，改月而君病悛。公曰：「昔吾先君桓公，
　　以管子為有力，邑狐與穀，以共宗廟之鮮，賜其忠臣，則是多
　　忠臣者。子今忠臣也，寡人請賜子州款。」辭曰：「管子有一
　　美，嬰不如也；有一惡，嬰不忍為也，其宗廟之養鮮也。」終
　　辭而不受。（《晏子春秋‧內篇諫上‧景公病久不愈欲誅祝史
　　以謝晏子諫第十二》）

① 齊景公長疥瘡、患瘧疾，過了一年未癒。

② 齊景公召見會譴、梁丘據、晏子之三人，而詢問：「寡人的病情日重。曾派遣史固跟祝佗兩人殷勤地巡訪祭祀山川宗廟之鬼神，牲禮、珪璧等祭品也莫不具備，其數量是先君桓公的二倍。然而，病情非但沒有痊癒甚至更形惡化。寡人打算誅殺史固跟祝佗來對上帝作個交代，如此是否可以？」會譴跟梁丘據答說「可以」。晏子沉默不答。

③ 因此齊景公再問晏子：「晏子覺得如何呢？」於是晏子回答：「陛下以為祝禱有助益嗎？」景公回答說：「有。」晏子接著說：「若是祝禱有益處，那麼詛咒便也會有效果啊。陛下疏遠輔弼忠諫之臣，使忠臣之諫言不出於口。現在在聊攝以東、姑尤以西的齊國境內聚集的人民非常眾多。民眾因怨恨國君的暴政，而向上帝詛咒國君的人到處皆是。舉國人民詛咒，祝史兩人祝禱，再善於祝禱的巫祝也無法取勝啊！況且，若是巫祝對上帝直言真實的情況，那就代表毀謗國君；若是巫祝隱蔽國君的過錯，則是欺瞞上帝。若是上帝有靈驗，便不可欺騙。若上帝沒有靈驗，求福祝禱也無益處，希望國君明察此理。若是國君誅殺無罪的祝史兩人，將使我齊國跟夏、商兩國一樣自取滅亡。」

④ 齊景公聽後說：「您善於解除寡人之疑惑啊，加冕！」之後，齊景公下令會譴不得再治理齊國的國政，且免除梁丘據接待賓客的任務。並將他們兩位的職務都委任於晏子。晏子辭讓不受，卻不被允許，最後只好接下宰相之命，才行退。晏子執掌齊國政務不過一個月，景公的病便痊癒了。

⑤ 於是齊景公對晏子提出以下的建議：「從前先君桓公對管子之執政有極高的評價，賜予管子狐邑與狸邑兩地作為狩獵與食邑之

地，以便供給宗廟祭祀之際使用的鮮肉。國君賜予忠臣采邑，忠臣自然輩出。您是寡人的忠臣，讓我賜予您州款作為食邑吧！」晏子謝絕說：「管子有一美德，晏嬰我卻沒有。管子有一缺點，晏嬰我卻不忍那樣做。管子為宗廟祭祀飼養供宰殺的禽獸，那並不是禮啊！」晏子終究辭謝賞賜，不受采邑。

　　在這裡列出的三篇傳世文獻之中，A 和 B 實質上是同一文獻。其中僅有的微小差異是：A 文獻中記載的是齊侯，而 B 文獻則是景公；另外只有 B 文獻中出現景公疾病痊癒的記錄。然而，與此相對的文獻 C 中記載的內容以及故事構成的特點，在 A 與 B 之間可以說幾乎未見。唯有在 C 文獻之中，齊景公親自聲明欲誅殺祝、史兩人，且沒有范會的故事情節。又，C 文獻還附加齊景公賞賜采邑給晏子的內容。如此看來，C 很顯然與 A、B 屬於不同系統的資料。

　　以下，由比較 A、B、C 三篇文獻的內容，推測〈競公瘧〉的欠缺部分，以試圖復原〈競公瘧〉全文的結構與內容。

　　首先，由對照 A-②跟 B-②，可推測第 1 簡下段、大約 15 字的欠缺部分應是記載著割痊和梁丘據認為應該誅殺祝、史兩人的發言。另外，由於第 2 簡裡記載著「虗（吾）欲（欲）敔（誅）者（諸）祝吏（史），公舉頁[13]合（答）之尚（倘）狀（然）」一句，因此，第 2 簡中可能還包含的內容為：割痊和梁丘據建議齊景公誅殺祝史兩人，但是景公驚訝於割痊與梁丘據的發言而沒有做出承諾。第 3 簡裡記載著：「高子國子合（答）曰」的內容，所以很明顯第 2 簡的內容就是割痊與梁丘據對高子與國子的發言。在此，得以推斷出第

---

[13]　釋文以「頁」為人名。不過按照前後文脈，幾乎沒有出現「頁」的必然性。因此以「頁」釋為「頭」之意，將「與」隸定為「舉」，兩字合釋為舉頭之意。

1 簡下段的記載,即:割瘵和梁丘據對高子、國子詢問自己進言的是非。

依上文的文脈看來可推測第 2 簡下段大約 15 字的欠缺部分之內容應該是:割瘵和梁丘據兩人說服高子、國子誅殺祝史兩人是醫治齊景公疾病的唯一辦法。然而 A、B、C 的文獻裡原本並沒有言及高子、國子兩人,在此與其對應的內容也就理所當然不存在。不過,因為第 3 簡的開頭部分記載著「是言也」一句,所以此處割瘵與梁丘據為了說服高子跟國子有可能援用諺語或者格言之類。

關於第 3 簡段大約 15 字的欠缺部分,從上文「公內(入)安(晏)子而告之。若亓(其)告高子【國子】……」的內容來看,我們推測這裡應記載齊景公勸唆晏子指示讓高子跟國子誅殺祝史兩人之內容。同時,從 A-③跟 B-③的內容可推定:在此處晏子開始講述晉國范武子的故事。

第 4 簡下段大約 15 字,以及第 5 簡下段大約二十字的欠缺部分,從其內容與 A-③、B-③的對應的關係來看,可推測出在這裡記載著以下兩項內容。第一項是:祝、史在祭祀之際讚美范武子,而由於這反映事實,不需要慚愧,而且,由於范氏治家穩當,范家的祝史事實上也並不需要祈福之內容。第二項則是:楚國康王讚許讓五代晉君繼續得以盟主地位的范武子品德之說辭。另外,對照 A-④、⑤跟 B-④、⑤的內容:「公曰:『據與疑謂寡人能事鬼神,故欲誅于祝史。子稱是語何故。』對曰:『若有德之君,外內不廢』。」來看,可以推定在這裡應該曾記載著,齊景公質疑晏子為何突然提出范武子的事情,以及晏子回答理由的開頭部分。

從第 5 簡下段大約 15 字的欠缺部分,與 A-⑤跟 B-⑤中對應的內容相比,可推測出這裡曾記載:「若是有德之君主,諸神將會接納

祭祀，但是若是暴君，祂將憤怒地拒絕祭祀，這也正是夏王朝滅亡的原因」之內容。

第 6 簡的中段，以及下段大約 35 字的欠缺部分與 A-⑤跟 B-⑤中對應的內容看來，此處應有過斥責齊景公的惡行的文句。

第 7 簡下段大約 15 字的欠缺部分與 A-⑤跟 B-⑤中對應部分，可以推測出的內容是：若是祝史兩人隱蔽齊景公的惡行，並祝禱稱頌的禱文，虛偽欺瞞的結果只會導致神明拒絕祭祀，即使再多的祝禱也不能獲福。

從第 8 簡下段大約 15 字的欠缺部分與 A-⑥跟 B-⑥對應的內容來推測，可知這裡應曾記載過齊國的統治階層以不正當的手段貪圖暴利，以致使齊國民眾在賦役和重稅之下掙扎的狀況。

第 9 簡下段大約 15 字的欠缺部分，與前面的 A-⑥、B-⑥對照後，可以推斷出這裡曾繼續記載晏子對齊景公指出為何國內政局混亂至極的文章。

第 10 簡下段大約 15 字的欠缺部分對應 A-⑦、B-⑦、C-③的部分可以看出此處曾記載：僅有祝史兩人的祝禱，無法對抗齊國民眾的詛咒。

第 11 簡上段，以及下段大約 35 字的欠缺部分，在 A、B、C之中沒有直接對應的部分。但是，從上文的內容來判斷可以推測此處應記載了齊景公與他的左右侍從者的放縱舉止。

第 12 簡下段大約 15 字的欠缺部分與 A-⑧、B-⑧、C-⑤的對應來看，可以得知此處應曾記載有齊景公的反省之詞，以及他對晏子的謝意。

通過上面的分析，我們可以恢復〈競公瘧〉的本來面目。其結構大致如下：

① 齊景公得到瘧疾，有時兩天發一次燒，有時每天發燒。其病過新年還未治癒。

② 割瘓與梁丘據認爲：他們的祭祀內容比先君桓公時豐富得多，不過，景公的病沒治好，這都是祝官與史官之責任，從而該誅殺祝史。

③ 景公聽到了此建議，就茫然自失而不承許。

④ 到此，割瘓與梁丘據要求高子與國子同意他們的意見。

⑤ 高子與國子回答：「重大的事情，即使身體被燒掉也應該向諸神祈求。如果我國真的沒有良祝史的話，景公該誅殺祝佗與史固。」

⑥ 晏子對於高子與國子接受割瘓與梁丘據的看法，而便退廷（高子與國子沒有反對誅殺祝佗與史固），感覺很遺憾。

⑦ 景公接著召見晏子，並且說明事情之過程。然後，景公催促晏子使高子、國子下命誅殺祝史。

⑧ 到此，晏子開始講起晉大夫范武子的故事：從前在宋的盟會，楚令尹屈木很有功績。當時，楚康王命令屈木向晉文子（指趙武）問晉大夫范武子的德行如何。文子回答：「范武子不放縱私慾。他當法官之時，廣布真心而不喜歡放縱私慾。從而祝史在鬼神之前可以講實話，不會感到內心愧咎。范武子經營家事沒有可議之處，因此，他的祝史沒有必要向神祈求什麼。」屈建將這些話轉告了楚康王，康王就說：「范武子輔助五位國君，而他們能一直當諸候的盟主，理所當然。」

⑨ 景公向晏子質問爲什麼說起這段故事。晏子開始說明理由。

⑩ 君主心裡要有德，家內家外便不會有阻礙。祝史爲君祈求的內容，與民眾所切望的內容相一致。君主有德心，神明就可以享受祭祀。君主暴虐，神明就發怒而不享用祭祀。因此，夏桀王

滅亡，殷湯王因他的清潔而多得福。

⑪ 現在，景公貪財而昏庸，對人苛刻而隱瞞自己的惡行，奉幣的方式也不合乎禮儀。

⑫ 景公的祝詞裡不誠實，並且也不承認自己的罪惡。如此，神明不會聽取他的祈求。如果用祝詞來隱瞞其惡行的話，國君這樣的行爲恐怕爲後世史官加以筆誅。祝史編造虛僞祝詞來祈求，若是如此，將因虛言假語而引起神明發怒。結果，這樣的祭祀不僅不會減少民眾對景公的詛咒，而且使得祝史的祈求本身也不具效力了。

⑬ 現在，做燃料的木柴，由思虞之官管理；澤水、濟水的草木，事由史敓之官管理；山林樹木，由史衡之官來管理。這些財利，全部歸公所有。全國各地徵稅也沒有節制，大夫貪求私慾而法官不遵守法律，平民百姓痛苦不堪。

⑭ 有德心的君主用明德來評價人的行爲。未清楚事之本質，就不應該供奉美玉牲牲。現在，宮內受寵的吏臣有割瘳，宮外受寵的吏臣則有梁丘據，他們皆大肆行惡，景公不任用勇士又憎惡賢人，使吹捧者放縱私慾。宮內受寵的臣吏在國都內斂財，宮外受寵的臣吏在邊鄙上放肆。

⑮ 居住在姑尤之西方、聊攝之東方的居民眾多。他們因貧困而都怨恨國君。夫婦同心詛咒國君。原來供奉幣玉的理由，就是爲了衷心期盼百姓的幸福。在百姓都詛咒君主之時，只有祝史兩個人爲景公祈禱，怎麼能勝過眾人的詛咒呢！

⑯ 近臣自負地覺得自己很會輔佐君主，不過，他們卻告訴景公：「人一定會死。何不活得更快樂？」因此，死期要到了，景公仍是沈湎貪歡。

⑰　由於祝佗與史固伺候暴虐的君主，因而祝詞不得不虛偽。從而
　　祝佗與史固不受神明的保佑，也無法獲悉神明解除對景公天罰
　　的神論。

⑱　景公立即起身退席說：「善哉此言！我從晏子聽到了徹底考究且
　　去除邪惡的好辦法。這是將祭祀與政治調和的好建議。因為神
　　靈看到我的邪惡，所以祂不治除我的病。」

⑲　景公很感謝晏子的諫言，而請他掌管祭祀與政治。晏子推辭。
　　景公請求好幾次，晏子終於承受景公之命。景公命令割瘝不干
　　涉祭祀，梁丘據不干涉政治。經過了十五天，景公感覺病治癒
　　了。

　　到此我們完成了〈競公瘧〉全體結構之復原作業，而下面確認
它跟傳世文獻 A、B、C 之間的異同。

　　在 A 與 B，梁丘據和裔款對景公進言誅殺祝史，「公說告晏子」，
即是，他很高興表示贊同；然而，〈競公瘧〉記載則是景公一聽兩人
的提案就表示吃驚，呆然無法應諾。即是，跟 A 與 B 比起來，〈競
公瘧〉裡面的景公對誅殺祝史這個問題持比較消極的態度。至於 C，
記載為計劃誅殺祝史的人就是景公本人，那麼，我們可以說，C 裡
面的景公對誅殺一事表現出最積極的態度。

　　又，A、B 有一個型態，因聽兩個近臣的提案而高興的景公馬
上要求晏子提出他的看法；然而，C 是另外一種型態，親自計劃誅
殺祝史的景公要求會讕、梁丘據、晏子這三個人提出各自的看法，
會讕、梁丘據表示贊同，不過，晏子一個人不予以回答。與三種文
獻相比，〈競公瘧〉具有它獨自的型態，割瘝和梁丘據沒有獲得景
公的接納，請求在場的高子和國子兩位大夫之同意。即是，〈競公瘧〉

有一個 A、B、C 都沒有的特點，景公和晏子開始談論之前，先有
割瘧、梁丘據和高子、國子之間的問答。

　　其次，關於晏子反對誅殺祝史、催促景公反省的理路，A、B、
C 和〈競公瘧〉這四者之間仍有不相同的地方。A、B 都列舉祝史
的祭祀不會發生作用的兩個原因。第一個原因是，上有暴虐的國君，
祝史只好隱蔽他的惡行，捏造架空的善行而頌禱充滿虛偽的祭文，
結果，國君導致鬼神的憤怒，他的祭祀也不為鬼神所接納。第二個
理由則是，飽受暴政困擾的齊國民眾一起詛咒景公有災禍，所以，
即使祝史這兩個人替他祈福，寡不敵眾，無法勝過多數人民壓倒性
的詛咒。基本上，C 的觀點也與此一樣。

　　關於此問題之討論，〈競公瘧〉也應該曾包含與 A、B 一樣的內
容：即談到祝史之祭祀無法產生效果之原因。不過，在 A、B 和〈競
公瘧〉這兩者之間，我們看得出來一些不同的地方。在 A、B，作
為祭祀祈福的對象而出現的只有「鬼神」，例如：「吾事鬼神豐」、「是
以鬼神用饗」、「其言忠信于鬼神」、「不憚鬼神」、「神怒民痛」、「是
以鬼神不饗其國以禍之」、「其言僭嫚鬼神」等。反之，在 C，做為
祈福的對象出現的只有「上帝」，如：「以說于上帝」、「詛君于上帝
者多矣」、「隱匿過，則欺上帝也；上帝神，則不可欺；上帝不神，
祝亦無益。」相形之下，在〈競公瘧〉中作為祈福的對象而出現的
是「神」，例如：「神見吾徑」；還有，雖用「皇琅」這樣曖昧的表
現，在諸神的背後可以推測「上帝」之存在。

　　又，關於會譴、梁丘據這兩個人具有的角色，每篇文獻仍表示
出各自不同的看法。A、B 和〈競公瘧〉都將他們視為進言景公誅
殺祝史的主謀人士；不過，C 只是將他們認定為同意景公計劃的人
們而已。跟前三者比起來，他們的立場描寫得非常消極。〈競公瘧〉

和C記載景公被晏子說服以後，將這兩人解職；反之，我們在A、B沒看到有任何地方直接記載他們被解職。

還有，關於篇末結束的型態，我們發現每本文獻都有不同的地方。在A的結束部分，只是記載齊侯改施善政，沒有記載他的病是否治癒，例如：「公說，使有司寬政，毀關，去禁，薄斂，已責。」反之，B記載：「公疾愈」；而C記載：「改月而君病悛」；〈競公瘧〉記載：「公乃出見逝」。如此，它們都有景公病癒的相關記載。但是，C最後還添加景公和晏子之間的一段應酬，景公賞晏子以采邑，晏子乃辭退。在這一點，C表現出它的異質性。

三、〈競公瘧〉的思想特質

〈競公瘧〉的主題為國君的為政與祝史的祭祀咒術之間的關係。本節先分析〈競公瘧〉如何描述兩者之間的關係。然後也探討其思維在古代思想史上的地位。

割瘧與梁丘據主張，齊景公比先王齊桓公更為豐盛地祭拜上帝，但他的病無法痊癒，這是祝與史的責任，因此該誅殺他們，而齊景公同意他們的看法。根據此三人的言論而可以推測的立場是：祭拜上帝的祝史之祭祀咒術有明確的效果。而且，他們認為祭拜時奉獻的幣帛玉璧越多，越會受到諸神的犒賞，咒術的效果亦越佳。

那麼，否定這種思維的晏子其理路如何？晏子的第一個論點如下：

齊景公的祝詞缺乏誠心，不承認自己罪惡，故神明不聽取祈禱，也拒絕其請願。假如按照祝詞掩蓋齊景公的各種罪惡，那麼會遭到後代史官的筆誅。因此，國君御用的祝官與史官偽造缺乏公正性的祈禱文句，進行虛偽的祈禱，就會引起神的憤怒。若是如此，一方

面民眾對齊景公的詛咒依然有效，而另一方面請願齊景公從瘧疾康復的祝官和史官之祈禱無法發揮任何效果。

要之，晏子的論點為，假如國君既「惛（昏）虘（苛）匿（慝）」，意即暴虐，祝史由於不得不隱諱國君的惡行而念偽造的祈禱文句。這就會惹起神明的憤怒、並且造成祭祀不被接納，進而也不能獲福之原因。

值得注意的是，晏子在此並沒有完全否定祝史的祭祀咒術本身。猶如被讚賞為「湯清者，與貝（得）萬福安（焉）」的商湯王之例子，只要是有德的國君，祈禱文句也不需偽造，如此祭祀咒術就有效果，能夠受福。

若是如此，咒術效力的決定性因素是國君為政妥當與否。祝史向神明稟告國君的善行而請願受福的祭祀咒術形式本身，必然要求國君的為政良好。

晏子的第二個論點如下：

姑尤以西、聊攝以東的齊國人民人數頗多。這些民眾的生活都困苦於貧窮，故怨恨國君，夫婦一心詛咒齊景公受災禍。奉獻美麗幣帛或精選珠寶本來就是為了祈求民眾的安寧。既然齊國的民眾都詛咒齊景公，恐怕只有祝史兩個人為齊景公祈福，是無法勝過的。

此理路描述由國君的御用祝官和史官之「祝」與由齊國民眾的「詛」之間的對立結構。那麼，晏子為何認為「詛」勝過「祝」呢？第一個理由是，正如其文本說：「君祝敓，毋尃青（情），忍辠（罪）虘（乎），則言不聖（聽），青（請）不隻（獲）。女（如）川（順）言弇亞（惡）虘（乎），則志（恐）後敓（誅）於吏（史）者。古（故）元（其）祝吏（史）裝（製）蔑嵩折祝之，多塙（訏）言……」，

祝詞全都是偽造，「詛」方如「舉（舉）邦為欽（歛），約（要）夾（挾）者闍（忼），縛纆（應）者眭（枉）。」、「今內寵又（有）割疾（癃），外＝（外，外）【寵】又（有）梨（梁）丘塿（據）縈（縈）志（狂），公退武夫亞（惡）聖人」、「是皆貪痞（苦）約疠（瘉）痞（疾），夫婦皆祖（詛）一支。」相較於「祝」被批判為虛偽，民眾受齊景公虐政而訴苦則反映事實。上帝當然憎恨虛偽而喜好事實，因而自然導致「禔（詛）為亡（無）㱦（喪）▆祝亦亡（無）益▆。」（亦即：「詛」發揮效果，而「祝」則無作用）的結果。

第二個理由是，既然齊國人民都詛咒齊景公，只憑祝官與史官兩個人祈福是無法對抗的。這是所謂寡不敵眾的想法，此時幣帛玉璧的數量無法起任何作用。

可見，晏子的第二個論點也最後還是歸於上述的第　個論點。也就是說，國君的「祝」代表虛偽而民眾的「詛」反映真實，這追根究底來自於齊景公的惡政，而齊國民眾都詛咒齊景公也是因為齊景公的惡政。

如此看來，我們發現，晏子否定無條件肯定祭祀咒術效果的論點，其實並不意味著否定咒術效力本身。而是著眼在國君的為政應該優先於咒術這一點。齊景公應該認知到自己的瘧疾過年後還無法痊癒的原因，在於上帝譴責以及懲罰他。可是，齊景公不面對自己的惡政，如被批判為「物而未著也，非為美玉肴牲也。」（意謂：未清楚事之本質，就不應該供奉美玉肴牲。）景公完全搞錯，因而只重奉獻幣帛玉璧，並欲將責任歸於實施祭祀咒術的祝史。他不敢碰

觸首要問題的改善爲政，只想憑藉次要意義的祭祀咒術改善病情。然而，這樣的作法導致齊景公的病始終無法痊癒。

正因爲如此，如「善才（哉），虔（吾）□晏子，是壤（讓）追之言■也。祭正（政）不隻，未呂（以）至於此。神見虔（吾）遲（徑）……」，正確地認識到祭祀咒術與爲政的優先順序之後，齊景公的病情才好轉的。

與此相似思想立場的文獻在其他上博楚簡和傳世文獻中也可以看到。首先探討〈魯邦大旱〉的內容。[14]

如其文獻說「魯邦大旱」，在公元前480年，魯國發生了大旱災。魯哀公向孔子尋求相應的對策。孔子回答說：「邦大旱，毋乃遊（失）者（諸）型（刑）與惠（德）虔（乎）」上天對於善政之國君，施以風調雨順和五穀豐收等方式褒獎他；而對於失政之國君，以降下乾旱和饑饉等的刑罰之方式譴責他。國君針對自己現在到底受到上天之恩德還是譴責之問題，應該做出恰當的判斷。如果是受到了譴責，便應該立即悔改爲政之道。「遊（失）者（諸）型（刑）與惠（德）」一句意指對錯誤行爲之判斷。也就是說，孔子指點侵襲魯國的大旱災是上天譴責魯哀公的失政所降下的刑罰。

然而魯哀公卻無法如此理解，而他固執於舉行「忈（薦）珪璧帛（幣）帛於山川」之「說」，即請求降雨的祭祀，以期克服眼前之困難。孔子向子貢說明了這個經過。子貢否定祭祀咒術的有效性：

　女（如）夫政（正）坓（刑）與惠（德），呂（以）事上天，
　此是才（哉）。女（如）天（夫）毋忈（薦）珪璧帛（幣）帛

[14] 馬承源主編：《上海博物館藏戰國楚竹書（二）》（上海：上海古籍出版社，2002年12月）。

於山川，毋乃不可。夫山，石㠯（以）為膚，木㠯（以）為民。
女（如）天不雨，石牪（將）鱻（焦），木牪（將）死。亓（其）
欲雨或甚於我。或（何）必寺（恃）虐（乎）名虐（乎）。夫
川，水㠯（以）為膚，魚㠯（以）為民。女（如）天不雨，水牪
（將）沽（涸），魚牪（將）死。亓（其）欲雨，或甚於我。
或（何）必寺（恃）虐（乎）名虐（乎）。

在這裡子貢表明的立場是，認為唯有導正刑德之政治，才是解除「大
旱」天刑的唯一方策，而且「說」這個祈雨祭祀並不有效。對於子
貢的發言，孔子回答說：「公凱（豈）不飤（飽）朸（粱）飤（食）
肉才（哉）殹（也）。亡（無）女（如）烝（庶）民可（何）▬▬。」
這裡回答之人意是：「你（子貢）說得對。魯哀公必須承認『大旱』
是天刑、是天的警告，並且改除奢侈，除此之外，沒有其他招致降
雨的方策。然而，魯哀公卻只想以無效用的祈雨祭祀來應付了事，
而且仍舊繼續飽食終日。靠那樣的作為，是無法解脫人民於苦境的。」
　　〈魯邦大旱〉中的子貢之立場完全否定祭祀咒術本身之有效性
這一點。因此，〈魯邦大旱〉中子貢的理路，較〈競公瘧〉中晏子的
論點，可以說是更為尖銳的。[15] 雖然兩者對祭祀之批評態度尚互存
濃淡，但兩者皆主張由依靠祭祀咒術的政治轉向重視君德的政治，
而在這一點兩者的立場相接近。
　　其實，在《晏子春秋》中，也有晏子與〈魯邦大旱〉中子貢所
言幾乎相同的推論來進諫齊景公的記述：

---

[15] 關於〈魯邦大旱〉，請參見拙文：〈上博楚簡『魯邦大旱』における名〉，
收入於《國語教育論叢》第 14 號，2005 年。以及淺野裕一著、佐藤將之監譯：
《戰國楚簡研究》（台北：萬卷樓，2004 年）第七章：「〈魯邦大旱〉的刑德」。

齊大旱逾時，景公召群臣問曰：「天不雨久矣，民且有饑色。
吾使人卜，云：『祟在高山廣水。』寡人欲少賦斂以祠靈山，
可乎？」群臣莫對。晏子進曰：「不可。祠此無益也。夫靈山
固以石為身，以草木為髮，天久不雨，髮將焦，身將熱，彼獨
不欲雨乎？祠之無益。」公曰：「不然，吾欲祠河伯，可乎？」
晏子曰：「不可。河伯以水為國，以魚鱉為民，天久不雨，泉
將下，百川竭，國將亡，民將滅矣，彼獨不欲雨乎？祠之何益。」
景公曰：「今為之奈何？」晏子曰：「君誠避宮殿暴露，與靈
山河伯共憂，其幸而雨乎！」于是景公出野居暴露，三日，天
果大雨，民盡得種時。景公曰：「善哉。晏子之言，可無用乎。
其維有德。」（《晏子春秋·內篇諫上·景公欲祀靈山河伯以
禱雨》）

有一次，齊國發生了大旱災。由龜卜得知，大旱災的原因是高山和
大河所作的惡祟。因此齊景公問是否祭祀靈山和河伯。於是，晏子
以「祠此無益也」或「祠之何益」的說詞，與〈魯邦大旱〉中子貢
所言幾乎大致相同的理路，從原理層次否定祭祀咒術的有效性。在
此晏子還提出替代方案：齊景公離開宮殿曝曬自己的身體與烈日
下，向上天祈求降雨。齊景公實行晏子提出的方策，果然天降下甘
露，百姓們總算趕得及播種。

　　在此段故事中，天人相應的架構，以上天應對齊景公祈求而降
雨的形式仍然存在著。但這裡還是否定將旱災視為山川的作祟而欲
祭祀靈山與河伯的祭祀咒術之想法。乍看之下，齊景公離開宮殿曝
曬身體向上天祈求降雨，果然天降下雨，這樣的記述似乎也肯定巫
術的思維。但是，國君將巫祝的工作集中於己身的形態，一方面在

發揮「使國君獨佔能夠影響上天的神通力量」之思想角色,另一方在使君德的重點轉到「犧牲個人身體而欲解救百姓」之方向也發揮其思想功能。雖然同樣稱呼「天人相應」,在此可以看出,謀求以巫祝的祭祀咒術為媒介的天人相應的架構,變成以君德為媒介的天人相應的架構之思想轉換。

　　接著我們探討上博楚簡(四)〈東大王泊旱〉的內容。這篇應該是在楚國撰作的。在這篇中可以看到與〈競公瘧〉、〈魯邦大旱〉相同的主張,即曰:「東(簡)大王泊滜(旱),命龜尹羅貞於大顥(夏),王自臨卜。王、夳(嚮)日而立,王汗至帶……」此段的大意是,楚簡王(公元前431年~408年在位)被大旱逼迫,乃準備在漢水和江水匯合的大夏之地舉行龜卜。不過楚簡王開始龜卜而剛面向太陽的時候被陽光燒傷,結果患了嚴重的皮膚病。楚簡王聽到皮膚病的原因是不被祭祀的名山名溪所做的惡祟,便命令把相關的神靈加入祭祀之列,盼能除去致病的原因。

　　於是,大宰向楚簡王進諫言說:

> 此胃(謂)所之滜(旱)母。帝牪(將)命之攸(修),者(諸)
> 侯之君之不能詞(祠)者,而罰(刑)之邑(以)滜(旱)。
> 夫唯母(毋)滜(旱)而百眚(姓)逺,邑(以)达邦家。此
> 為君者之罰(刑)。

引文大意是:上帝針對當了諸侯還不能治理自己國家之君主,經由屬下旱母之手,命令降下大旱災的天刑。現今的事態確是旱母的天刑,因為如今的大旱之關鍵在於上帝針對不能治理的楚簡王予以處罰。因此那怕降雨而解除旱災,上帝仍然沒有消除對簡王的憤怒。

楚簡王一定是遭到楚人捨棄楚國移居他國那樣的天刑。大宰催促楚王反省自己。

　　楚簡王聽了大懼，再問大宰善後處理方法，即曰：

> 王卬（叫）而，句（哭）而洀（泣），胃（謂）大剥（宰）：
> 「一人不能詞（治）正（政），而百眚（姓）吕（以）幽（絕）。」
> 「戠（歲）安（焉）簹（熟）。」

大宰回答說：「女（如）君王攸（修）郢高方若狀（然）里（理）。」大宰的提案是，簡王假如首先治好國都郢，遠處的地方也將隨之安定下來。楚簡王採納了大宰的提案，親自監督郢都城郭的修繕。於是：

> 晶（三）日王又（有）埜（野）色，逗（屬）者又（有）喝人。
> 三日大雨，邦蔓（漫）之。癸（發）駐（駐）四＝彊＝（四彊，
> 四彊）皆簹（熟）。

即，上帝觀察到了楚簡王悔改並且勤奮工作的樣子，便消除憤怒，帶來降雨，全國的大旱都消除了。楚簡王派遣快馬去視察四方的邊疆，確認了全國各地的穀物都成熟的情況。如此，〈柬大王泊旱〉的主旨是：因為旱災這個天災是上天針對國君之失政所降下來的刑罰，只靠巫祝的祭祀咒術還不能解除，只好由國君自我反省並且改行善政。楚簡王反省自己而勤奮統治的結果，天刑乃解除，大旱也停止，招來了穀物成熟的福祉。[16]

16　關於〈柬大王泊旱〉，詳參拙論：〈上博楚簡〈柬大王泊旱〉の災異思想〉。收入於《集刊東洋學》第100號，2008年11月（即將出版）。

　　上博楚簡（五）〈鮑叔牙與隰朋之諫〉內容也顯現出類似的特色。齊桓公聽到日食是災害降及齊的預兆，試圖藉祭祀祓除災害之可能性。不過得到此災害的來源竟是自己的失政而不能靠祭祀祓除災害之指點的桓公，終於反省，隨後改善政治。結果，齊桓公能夠迴避了敵軍之侵攻、大雨洪水、豎刁和易牙弒桓公之陰謀等日食所預告的災殃。這就是〈鮑叔牙與隰朋之諫〉的主要內容。[17]

　　然而，〈競公瘧〉、〈魯邦大旱〉、〈柬大王泊旱〉與〈鮑叔牙與隰朋之諫〉之間還存在著重要差別。在〈競公瘧〉、〈魯邦大旱〉、〈柬大王泊旱〉中各個作者先描述疾病、旱魃等神罰、天刑的降臨，然後由國君之反省與推量解除災殃。這是這些文獻之主要議題。〈魯邦大旱〉的作者則將哀公看做對於「推量天意」與「自我反省」兩件事情均失敗的國君；而〈競公瘧〉的齊景公與〈柬大王泊旱〉的楚簡王最後被描述為成功的君土。因此在此三篇具有：「上天、鬼神降下災害」→「君主推量（其根本原因）與反省」→「改善政治」→「解除天刑、神罰之危險」之時間上的順序關係，並且以之為敘述的基本架構。在此方面乃顯示出和《詩經》、《尚書》同樣的思想特色。相形之下，〈鮑叔牙與隰朋之諫〉的敘述基本架構則為：「天象異變」→「由推量的預言與反省」→「改善政治」→「迴避災害」的時間順序，而在此並沒有言及上天或上帝。〈鮑叔牙與隰朋之諫〉的思想立場在此意義上與《左傳》和《國語》的天道思想比較接近。[18]

　　這樣的差別雖然不可忽視，但在以上所舉的四篇文獻中所觀察到的共同的思想基礎就是，較之於巫祝的祭祀咒術，更加重視由君德為政的思考。晏子向恐懼彗星出現，而要命令祝官與史官祓除災

---

[17] 關於〈鮑叔牙與隰朋之諫〉的詳細分析，請參見本書第六章。

崇的齊景公君進諫說：「君無穢德，又何禳焉？」；又「德回亂，民將流亡，祝史之為無能補也。」（《左傳·昭公二十六年》）。晏子也批評齊景公「依賴楚巫的祭祀而明德」之「恃巫」的意願，他批評景公說「行慢而祭繁」、「棄賢用巫」，並且追放了楚巫於東海。（《晏子春秋·內篇諫上·景公欲使楚巫致五帝以明德晏子諫》）如上晏子的發言可代表這樣的思想立場。

　　在如上所比較的文獻之間，都保持國君的施善政優於巫祝咒術的基本方向，但若我們仔細分析，可在其主張內部看到各種差異。如上所述，在 A、B、C 的主題是同一的事件，A、B 與 C 之間，祭祀招福的對象也有差別。前者只舉鬼神，後者則只舉上帝。

　　〈魯邦大旱〉、〈柬大王泊旱〉、《晏子春秋·內篇諫上·景公欲祀靈山河伯以禱雨》均一方面對於祭祀在地固有的山川、鬼神之有效性採取否定的態度，但將天人相應的結構改組為上天、上帝與國君直接相結合的關係。一旦將國君與上天、上帝直接連接，在此之間以媒介的方式存在於上天、鬼神和國君之間的巫祝必然被拉到後面，甚至遭到排除。

　　〈競公瘧〉所發揮的論點是，既然國君暴虐，若祝史不得不以虛偽內容來進行祈禱，則神明不接納這樣的祭祀也不降福，或既然齊國百姓都詛咒齊君，單單祝史祈禱無法與之對抗的諸論點，以此庇護祝史。其實，這樣的論點同時發揮將巫祝拉到政治背後之效果。〈競公瘧〉相較於如上所提的 C 的例子，國君所祈福的對象並不限定為上帝。在此意義上也許可以說，〈競公瘧〉的天人關係觀，與 A 和 B 同樣包含著比 C 還稍微古老之思想型態。

---

[18] 請參考本書第五章：〈〈鮑叔牙與隰朋之諫〉的災異思想〉。

　　最後提出《晏子春秋》成立時期的問題，以作爲本章結尾。從依賴巫祝的政治轉換成主張君德之政治，也同時以巫祝的祭祀咒術爲媒介的天人相關架構轉換成以君德爲媒介的天人相關架構之思想運動，是由鄭國的子產、晉國的叔向、齊國的晏嬰等，身爲貴族身份輔佐國君的賢人政治家所活動的春秋時代後半，即公元前六世紀所崛起的新思潮。

　　這樣的思潮在《晏子春秋》書中許多地方可見。此次與《晏子春秋》故事甚相似的〈競公瘧〉之發現，對於《晏子春秋》成立時期的問題乃提供了新的線索。上博楚簡屬於與郭店楚簡幾乎同時期，於戰國時代中期（公元前342年～282年）被抄寫的文獻。[19] 因此，〈競公瘧〉著作時期應爲戰國中期以前，即從戰國前期（公元前403年～343年）溯及春秋時代後期（公元前526年～404年）。若是如此，具有與〈競公瘧〉非常類似的內容的《晏子春秋》中的故事也是從春秋時代後半到戰國時代前期已經以文獻方式存在的可能性相當高。

　　在1972年從山東省臨沂縣銀雀山一號前漢墓所出土的《銀雀山漢簡》中乃含有《晏子春秋》的竹簡一百十二支。由於此發現乃確認了《晏子春秋》是先秦古書之事實，管同〈讀晏子春秋〉（《因寄軒文初集》）以《晏子春秋》爲魏晉時代僞書之說完全被否定了。

　　關於《晏子春秋》的編輯，一般認爲是到戰國時期由於蒐集晏嬰之事蹟而編集的。這樣的想法大體上仍然可以接受。然而由於〈競

---

[19] 關於此點的詳細分細，請參考見拙稿：〈上博楚簡『容成氏』における禪讓と放伐〉，（收於《中國研究集刊》第36號，2004年）。此文中譯版收錄於淺野裕一著、佐藤將之監譯：《戰國楚簡研究》（台北：萬卷樓，2004年），頁85-112。

公瘧〉的發現，我們雖然同意《晏子春秋》的最後編輯時期可能屬於戰國時期，但我們也可以肯定成爲此題材的個別文獻的來源相當古早，可能包含晏嬰過世不久後、甚或他生存活躍時代的資料。由是觀之，《晏子春秋》對於研究從春秋時代後半葉到戰國時期前半葉的古代思想史上的資料價值，比在「銀雀山漢簡」發現時又提升了一層。

第八章

〈天子建州〉的北斗與日月

一、〈天子建州〉的詮釋

馬承源主編《上海博物館藏戰國楚竹書（六）》收錄著名為〈天子建州〉之一篇文章。[1]〈天子建州〉有「甲本」和「乙本」兩種。甲本共有 13 簡，沒有缺簡。乙本則共存 11 簡，缺第 12 簡和第 13 簡。甲、乙本的竹簡兩端皆平齊。竹簡上並未有篇題記載，整理者藉由開頭辭命為「天子建州」。

雖然甲本 13 簡中的 9 簡的簡首缺一個至兩個字，但其全部缺字部分可以由乙本補，而如此整篇文章都得以復原。整個甲本的文字數，包含合文共有 407 字，簡長約 46 公分，每一支竹簡的文字數 32 字左右。在第 13 簡中間有指示篇末的「墨鉤」，而此下面留空白。

關於〈天子建州〉的作者之其學派歸屬，如擔任釋文之曹錦炎先生所指出，此內容與《大戴禮記‧禮三本》的密切關係，基本上可認為是有關「禮」的儒家文獻。然而〈天子建州〉還包含著未必

---

[1] 上海：上海古籍出版社，2007 年 7 月。

與「禮」有直接關係的特別部分，於是本文將探討此特別的部分在此整篇文章中之思想角色。

在開始探討其內容之前，首先提出〈天子建州〉原文和筆者的解釋。在釋文中由【　】的記號所示的文字是由乙本來補充的文字。在幾個地方，按照筆者的理解來改字。如上所述，〈天子建州〉的整個文章已經得以復原，而在現代翻譯的部分按照內容將整篇分爲十三章。

原文

【凡】天子書（建）之呂（以）州，邦君書（建）之呂（以）坉（都），夫=（大夫）書（建）之呂（以）里，士書（建）之呂（以）室。凡天了七殜（世），邦君五（1）【殜（世），夫=（大夫）】三殜（世），士二殜（世）。士為夫=（大夫）之立身不字，夫=（大夫）為邦君之立身不字，邦君為天子之（2）【立】身不字。豊（禮）者義之扰（兄）也。豊（禮）之於层（尸）寙（廟）也，不腈（精）為腈（精），不娗（美）為娗（美）。義反之，腈（精）為不（3）腈（精），娗（美）為不娗（美）。古（故）亡（無）豊（禮）大瀺（廢），亡（無）義大誚。型（刑）屯用青（情）邦喪，屯用勿（物）邦喪。必中青（情）呂（以）翟（羅）於（4）勿（物），幾殺而邦正。文会（陰）而武易（陽）。信文旱（得）事（吏），信武旱（得）田。文德（德）治，武德（德）伐，文生武殺。胃=（日月）胃（得）亓（其）（5）央，根之呂（以）玉斗（斗）戟（戟）戕（陳）弢

（剗）²亡。洛（樂）尹行身³味（和）二：一憙（喜）一忞（怒）。天子坐㠯（以）巨（矩），飤（食）㠯（以）儀，立㠯（以）縣，行㠯（以）（6）【璧。視】矦（侯）量募（顧）還身，者（諸）矦（侯）飤（食）同眮（狀）。視百正募（顧）還肙，與卿夫=同恥尺（度）。士視，目垔（恆）募（顧）還（7）【面】。不可㠯（以）不鼢（聞）恥尺（度），民之儀也▬。凡天子鵭（禽）燅（氣），邦君飤（食）盬（濁），夫=（大夫）丞（承）䳧（薦），士受余（餘）。天子四辟（8）〔筵〕笘（席），邦君三辟，夫=（大夫）二辟，士一辟▬。事鬽（鬼）則行敬，褱（懷）民則㠯（以）德，剉（剗）型（刑）則㠯（以）衮（哀）。朝不語內。杠（貢）（9）【不語】戱（戰）。才（在）道不詬（語）匿。尻（處）正（政）不詬（語）樂。膥（尊）且（俎）不折（誓）事。聚衆不詬（語）惰（逸）。男女不詬（語）鹿（獨）。堋（朋）睿（友）不（10）【語分】。臨飤（食）不詬（語）亞（惡）。臨剒（兆）不言畬（亂），不言帚（寢），不言戚（滅），不言犮（拔），不言峬（短）。古（故）龜又（有）五畀（忌）。臨城不（11）【言】毀，觀邦不言喪。古（故）見傷（禓）而為之晢（祈），見窆而為之內。時言而殜（世）行，因德（德）而為之折，是胃（謂）（12）中。不韋（諱）所不季（教）於帀（師）者三：弜（強）行。忠弜（謀）。信言。此所不季（教）於帀（師）也乚▬。　　（13）

---

² 原文為「懷」，釋文解為「踐」。然而按照鄙見，隸定為「剗」，而解釋為「全部的」、「一切」之意思。

³ 釋文將「行身」一詞解釋為「人之性蕈館行」，但文義不通。按照鄙見解釋為「運行於天界的天體」，即「日月」之意。

釋文今譯

第一章

　　天子在整個天下設置州；國君建設都邑；大夫建設里邑；士構成家室。天子在宗廟祭祀七世祖先；國君祭祀五世祖先；大夫祭祀三世祖先；士祭祀二世祖先。士在大夫舉行二十歲之加冕儀式之際並不擔任給他「字」的角色；同樣地，大夫不擔任給國君子弟的「字」之角色；同樣地，國君不擔任給天子子弟的「字」之角色。

第二章

　　「禮」居於「義」之上。在宗廟的「禮」之作用是將非精粹變爲精粹，將非純美變成純美。「義」的作用與此相反：由其精粹抑制非精粹者；由其純美抑制非純美者。於是倘若無「禮」，宗廟之祭祀大廢；苟無「義」，宗廟之祭祀陷爲糜爛，而遭到嚴厲指責。

第三章

　　所有刑罰都流於情實，國家便滅亡。財貨能爲全部贖刑，國家便也是滅亡。探究真實的方法才能夠網羅萬事。若明察裁減冗費，國家便得治。

第四章

　　「文」是「陰」，而「武」則是「陽」。以「文」獲得能當百官的人材，以「武」獲得農地。「文德」達成安寧的統治，「武德」攻伐懲罰敵人。「文」代表生育，而「武」代表刑殺。

第五章

太陽與月亮時時位於適正東和正西之方位，而運行基於北斗星的出現與消失。北斗星樂於主宰太陽與月亮之運行，讓太陽和月亮之位置相調和，有時喜悅、有時憤怒。

第六章

天子矩直坐於玉座，飲食受到規定，而在站立時，如畫垂直線，而出御時帶璧。在觀覽參集諸侯時，換立足點，而旋回身體看左右。在與諸侯飲食時以同樣的動作看左右。親閱百官之長，讓左右腳交叉移動而觀對象。面對卿和大夫時，榮辱的標準與觀百官之長相同。觀閱士時保持視線方向、只有臉轉向。之所以要知道榮辱之標準，是因爲這是民眾所需要服從的基準。

第七章

凡天子用田獵獲物設宴時，國君直接從開煮的鼎拿取食物來吃；大夫則吃已經分配於器皿而被薦的食物；士承受其餘。

第八章

天子使用四重筵席；國君則三重；大夫二重；士單張的筵席。

第九章

供養鬼神以盡敬意；懷柔民眾以施恩德。在執行肉刑之際表示哀悼。

第十章

　　在朝廷執務中，不語私事。在朝貢之場合，不將戰爭爲話題。走在路上，不語機密的事情。在政務中，不將音樂和女色當作話題。在宴席，不談要立誓的話題。在群衆的集合，不責罵。男女同席之場合，不語有關離別孤獨之事。交朋友之場合，不語分袂之事。飲食之席，不語對食物之好惡。

第十一章

　　在龜卜之際，在占卜之前，不語騷亂、秘事、滅亡、選拔、缺陷。因此龜卜有五種禁忌。

第十二章

　　訪問城邑，不語毀壞。考察某個國家，不語滅亡。若路上看到祭祀，停步而祈其神。在訪問他人時，（需要刻意避由正面進門）由東南角進門。發言得時宜，事業便一輩子順利。凡是在判斷時以德作標準，此謂之「中正」。

第十三章

　　凡有三個事情並沒有受教誨，也得不猶豫實行：不顧困難的實踐、超出私心並且由衷謀事、不發出虛僞之語。這些方法都在無時無刻要用於各種狀況之故，無法預先向老師請教。

二、〈天子建州〉的禮思想

雖然〈天子建州〉整篇分爲十三章，但是由於各章處理的主題的類似性，筆者認爲這十三章可再分爲幾個大類。

第一大類內容講述，與「天子－邦君－大夫－士」身分階層相符應的「禮」。第一章、第六章、第七章、第八章皆屬於此類。

首先在第一章主張天子擁有天下，建立了分天下全體爲九州而治的體系。相對地受封的國君在封國內建設國都。仕於國君的貴族大夫在其封地內建鄙邑。士又各擁有其家室。由此可見，各階級能夠治理的範圍依照身分差等有大小的不同。

另外在宗廟祭祀的祖先神的數目也依照身分有所差別。可以看到天子七代，國君五代，大夫三代，士二代的規定。此外，由於身分的不同也規定，士不可爲居於上位之大夫的子弟命名，大夫不可爲國君的子弟命名，國君不可爲天子的子弟命名。

在第六章「天子坐㠯（以）巨（矩），飤（食）㠯（以）儀，立㠯（以）縣，行㠯（以）璧。」首先講述動作儀態以示天子威嚴，而後講述天子應對諸侯、百正、卿、大夫、士的方式應當根據身分之差等而有區別。在這些階級當中，諸侯原本就是由外入朝，然而其他的百正、卿、大夫、士等階級，既然是天子自身觀閱，由此應該可理解這些階級都直屬於周室。最後出現的「民」應當也是王畿之民。

第七章「凡天子鴿（禽）燹（氣），邦君飤（食）盪（濁），夫=（大夫）丞（承）鴙（蔫），士受余（餘）。」述說各身分之差等所遵照的宴會禮節。天子賜田獵所獲饗宴於下之時，國君可以直接從宴席旁邊擺列的鼎中直接取食。然而大夫則不可。大夫只能吃

從食器裡遞過來的分配好的料理。而士只能吃國君、大夫飲食結束後的餘剩。此處同樣也是為了顯示身分差等的禮法。

第八章「天子四辟，〔筵〕笫（席），邦君三辟，夫=（大夫）二辟，士一辟■」述說依照身分差別，座席的擺設也有不同。依照宴席的差別等級明示尊卑的次序。

與此相類似的「禮」的規定，在《禮記・王制》以及《曲禮》當中也可見到許多記載。這些都是試圖以可見的形式彰顯天子為頂點的周王朝的身分次序的禮法。

第二大類記載與祭祀、為政、龜卜、人倫等相關的訓誡。第二章、第三章、第九章、第十章、第十一章、第十二章、第十三章皆屬於此類。

第二章將「禮」置於「義」之上。作者舉宗廟祭祀當中「禮」與「義」之不同以證明之。若根據「禮」行動，縱使是精神不純的人也不得不純然地動作。精神不能純美的人也必定能純美地行為。相對地「義」排除並抑制了不純的行為以及人物，壓制並排除了不純美的行動以及人物。較之「義」指摘、排除不善，此處肯定「禮」以感化力導正不善以達於善。認為「禮」優先於「義」。

第三章主張，若依實情任意調整刑罰的運用，或是以財貨贖罪的方式能通行於國的話，則國家會滅亡。刑罰應該適切地運用。此處以司法的觀點表述國家的正確的統治方式。「刑」恰是「禮」的對反，在講述「禮」的文獻中看到此種記述似乎並不適切。但是《論語・子路》有「禮樂不興則刑罰不中」，《論語・為政》又有「道之以政，齊之以刑，民免而無恥。道之以德，齊之以禮，有恥且格。」等說法，可見許多「刑」與「禮」相關聯的論說。故〈天子建州〉當中有此種記述絕非不自然的現象。

　　第九章論說奉事鬼神以敬，使民親附以德，對肉刑則哀悼。從內容判斷可視作給為政者的訓誡。

　　第十章列舉不同場面中禁忌的話題，主張：「朝不語內。貢不語戰。在道不語匱。處政不語樂。」這些項目顯然是給為政者的訓誡。從這點判斷，全章很有可能是寫給為政者的訓誡，但是其他的部分則也可理解做一般的訓誡內容。

　　第十一章列記龜卜的場合的禁忌話題。應等待占卜而下判斷的事情不可在事前述說預先下決定。

　　第十二章講述，為他人著想以及恭敬的態度正是能不招致他人的憎惡而順利地走在人生道路上的主要原因。

　　第十三章當中舉出數項在平常便應該有所覺悟，謹慎注意不要在抱怨的時候做出錯誤的言行舉止。此處是關於倫理行為的訓誡。

　　以上筆者介紹共十一章的內容，都可視作是關於廣義的「禮」的記述。但是之外的第四章以及第五章很難把握到其與「禮」的關係。以下探討，此兩章在全篇中佔有什麼樣的地位。

三、文武、北斗以及日月

　　問題關鍵之第四章和第五章的原文是如下的。第四章曰：

　　　文会（陰）而武易（陽）。信文导（得）事（吏），信武导（得）田。文德（德）治，武德（德）伐，文生武殺。

第五章則說：

胃=（日月）胃（得）亓（其），央，根之邑（以）玉抖（斗）
戠（載）戙（陳）戔（劃）亡。洛（樂）尹行身呋（和）二：
一惪（喜）一忎（怒）。

其中第四章可以看到文武並用之主張。與此非常類似的思維方式在
從長沙馬王堆西漢墓出土《黃帝書》的〈經法〉和〈十六經〉中可
以看到。[4] 下面是其用例：

A　因天之生也以養生，謂之文；因天之殺也以伐死，謂之武。文
　　武并行，則天下從矣。（〈經法・君正〉）

B　動靜參於天地謂之文，誅禁時當謂之武。……中略……文則明，
　　武則強。……中略……文武并立，命之曰上同。（〈經法・四
　　度〉）

C　因天時，伐天毀，謂之武。武刃而以文隨其後，則有成功矣，
　　用二文一武者王。（〈經法・四度〉）

D　始於文而卒於武，天地之道也；……中略……三時成功，一時
　　刑殺，天地之道也。（〈經法・論約〉）

E　不靡不黑，而正之以刑與德。春夏為德，秋冬為刑。先德後刑
　　以養生。……中略……凡諶之極，在刑與德。刑德皇皇，日月
　　相望，以明其當，而盈縮無匡。（〈十六經・觀〉）

F　靜作相養，德虐相成。（〈十六經・果童〉）

G　凡諶之極，在刑與德。刑德皇皇，日月相望，以明其當。望失
　　其當，環視其殃。天德皇皇，非刑不行；繆繆天刑，非德必傾。

───────────────

[4]　〈經法〉、〈十六經〉的引文根據陳鼓應：《黃帝四經今註今譯》（台北：
臺灣商務印書館，1995 年 6 月），但在缺字部分或有根據鄙見補充文字。

　　刑德相養,逆順若成。刑晦而德明,刑陰而德陽,刑微而德彰。
(〈十六經・姓爭〉)

　　如此,〈經法〉與〈天子建州〉第四章同樣地提出文武對應之策,而在〈十六經〉將之稱「刑德」、「德虐」。由此觀之,我們可以確認:在於並用施恩的和平手段(即「德」或「文」)與動武討伐的軍事手段(即「刑」或「武」)基本的構想這一點,在〈天子建州〉第四章和《黃帝書》之間存在著密切共通性。

　　然而,在兩者之間,還存在著重要的差異。《黃帝書》中的「文武」和「刑德」,如「因天之生也以養生,謂之文;因天之殺也以伐死,謂之武。」(A)、「動靜參於天地謂之文,誅禁時當謂之武。」(B)、「始於文而卒於武,天地之道也。」(D)、或是如「春夏為德,秋冬為刑。」(E),是與「天地」和「四時」的「天道」深度結合的概念。

　　也正如〈經法・四度〉所說:「周遷動作,天為之稽。天道不遠,入與處,出與反。」或者「日月星辰之期,四時之度,動靜之立,外內之處,天之稽也。」關於是否要退一步謀求內政的充實(靜)或是要外征攻擊敵國(動),天道會指示。簡言之,判斷國家出處進退之基準就在於天道。

　　再者,如〈經法・四度〉也說:「極而反,盛而衰,天地之道也,人之理也。」或如〈經法・論〉說「極而反者,天之性也」,本國的運勢在上昇趨勢,敵國的運勢乃處於下降和衰退之趨勢,但這樣的狀態並不永續,如《國語・越語下》所云:「天節不遠,五年復反,

小凶則近，大凶則遠。」經過五年就反轉。[5] 因此，如〈經法‧國次〉所說：「故唯聖人能盡天極，能用天當。」在國家決策時，必須要非常小心地觀察自己國家與敵國之間運勢趨向。

　　若決策者察知自己的國家在上昇運勢當中，而相對地敵國處於趨向衰運，他必須採用以武、刑之方式，並且不失時機地攻敵而獲得勝利。正如〈經法‧論約〉所說：「功不及天，退而無名」；〈十六經‧兵容〉告誡說：「當斷不斷，反受其亂」、「天予弗受，反隨以殃」，或如〈十六經‧姓爭〉所提醒：「可作不作，天稽環周，人反為之客。」萬一決策者猶豫不決而逸失天所賦予的好機會，在天道反轉之後，自己的國家反而會陷於危機。

　　另一方面，若自己的國家的隆盛已達到頂點，決策者必須換個策略採取守勢，以「文」與「德」的方式充實內政。若不理會天道之反轉，而在過「極」的狀態還繼續攻敵，上天便降戰敗、滅亡之災殃。[6] （請參見下頁附圖）

　　這樣的例子在《黃帝書》中眾多。譬如，〈經法‧論約〉說：「功溢於天，故有死刑。」〈經法‧國次〉也說：「功成不廢，後不逢殃。」、「過極失當，天將降殃。」、「必盡天極，而毋擅天功。」〈經法‧亡論〉亦云：「逆節不成，是謂得天；逆節果成，天將不盈其命而重其刑」。〈十六經‧兵容〉說：「聖人不達刑」。

---

　　[5] 關於和《國語‧越語下》的關係，請參見拙作：《黃老道の成立と展開》（東京：創文社，1992 年 11 月）第一部。關於當時的人以五年當作一周期應該是如下原因。如《尚書‧堯典》，將一年分為 366 日，五年的餘日剩 60 日，在一閏和再閏都插入大月的話，剩無餘日。如此，在曆法上與每五年一次日月之運行完全相合。因此天節被認為五年的理由應該基於這樣的算法而來的。

　　[6] 關於《黃帝書》的天道思想，請參見拙作：《黃老道の成立と展開》。

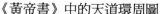

《黃帝書》中的天道環周圖

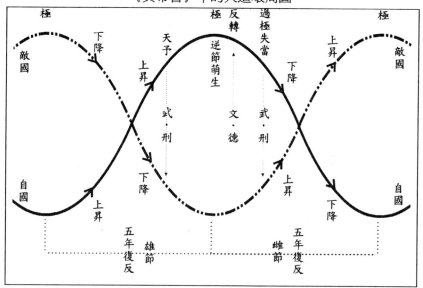

　　如上說明，在《黃帝書》中的「文武」或「刑德」是上天或上帝所由天道轉移來指示國君之剛柔兩種的方式，並且是與天人相應和災異思想甚深結合的概念。然而在〈天子建州〉第四章的「文武」概念中看不出「由天道轉移推移必須選擇的兩種方式」這樣的想法，單單止於相對照「文」和「武」的差異。

　　那麼，第四章為何存在於〈天子建州〉中？文武並用的主張屬於統治論之範疇。[7]佔有〈天子建州〉大部分的主張，即由「禮」

---

　　[7]〈天子建州〉的作者將「文武」視為國君所並用的手段。「上博楚簡」〈魯邦大旱〉中，刑德出現在上天降給國君的賞罰之意思。這些事實便表示，當時儒家將「文武」和「刑德」的概念引進自己的思想當中。相形之下，道家文獻的《黃帝書》的「文武」和「刑德」之論述結構是：首先上天給國君經過天道展示可選擇的實行方向，而察知其意的國君選擇其中一方而實行。如此其

來維持以天子爲頂端的周朝身分秩序的主張也是統治論的一種。因此，〈天子建州〉中存在第四章的原因可能是由於作爲統治論之共通性。

　　若我們看第五章，比第四章還難以找出與禮的關連。無論是「文武」或「禮」，這是國君等人類的行爲。然而在第五章中所出現的是北斗星和日月之天體，而人類完全不出現。

　　第五章主張，太陽和月亮能夠適時切合其位置，是因爲基於北斗的出現與消失。北斗在晚上出現於天界，而消失於白天。因此北斗星的出現與消失也意味著晝夜替換。一般而言，晝夜的替換通常以太陽與月亮之間的替換現象而爲人所理解，第五章竟說：「根之弖（以）玉玨（斗）戠（戟）戠（陳）夌（剗）亡。洛（樂）尹行身咊（和）二：一憙（喜）一忞（怒）。」而在此主宰日月替換者就是北斗星。

　　關於此點在《黃帝書》即曰：「日月相望，以明其當，而盈縮無匡。」（〈十六經・觀〉）說：「刑德皇皇，日月相望，以明其當。望失其當，環視其殃。」（〈十六經・姓爭〉）在此選擇「刑」或「德」的標準是太陽和月亮的位置關係。[8] 正如〈經法・國次〉所說：「過極失當，天將降殃」、「必盡天極，而毋擅天功」、「過極失當，天將降殃。」；或〈經法・亡論〉所說：「逆節不成，是謂得天；逆節果成，天將不盈其命而重其刑。」藉由太陽和月亮之位置關係來作指示的不外乎上天、上帝。

乃具有結構雙層。關於此點，請參見拙論：〈上博楚簡『魯邦大旱』の刑德論〉收入於《中國研究集刊》第 36 號，2004 年。此中文版收入於淺野裕一著、佐藤將之監譯：《戰國楚簡研究》（台北：萬卷樓，2004），頁 129-146。

　　[8] 不過，太陽和月亮之間具體位置關係並沒有明示出來。關於此點，請參考本書第五章：「〈鮑叔牙與隰朋之諫〉的災異思想」。

　　也就是說，在《黃帝書》中的天道、災異思想中，上天、上帝才
是主導日月運行之主宰者。相形之下，在〈天子建州〉第五章中，
北斗星取代上天、上帝的位子。而且如「一悥（喜）一忞（怒）」
一句所示，北斗星乃具有感情的人格神。在第五章缺乏有關北斗的
「一悥（喜）一忞（怒）」造成如何結果的記載。不過北斗星既然
是掌管日月運行的主宰者，我們應該想像對「喜」與「福」、對「怒」
與「災」之對應關係。

　　那麼，在古代中國，認爲北斗具有與上天、上帝一樣的地位的
思想是否存在呢？在《大戴禮記・夏小正》中有：「言斗柄者，所以
存參之中也」、「六月初昏，斗柄正在上」、「五月大火中、六月斗柄
正在上」、「用此見斗柄之不正當心也」、「斗柄縣在下則旦」等與北
斗相關的記載，但在此被描寫的「斗柄」是時節觀測之指標，並沒
有將北斗提升爲神位的思想。再者，《大戴禮記・易本命》中有「七
九六十三，三主斗，斗主狗，故狗三月而生」一句。若考慮〈易本
命〉說：「斗主狗」一點，此作者認爲「斗」具有掌管狗的命運之神
秘能力，但是此神格比〈天子建州〉第五章還低幾層。

　　其實，認爲「斗」具有更爲高層次的神秘能力的是陰陽流兵學。
《漢書・藝文志・兵書略》將陰陽流兵學定義說：「陰陽者，順時而
發，推刑德，隨斗擊，因五勝，假鬼神而為助者也。」

　　在此句中「隨斗擊」係從斗柄所指的方向而預知勝敗的方法。
因此，在此句的作者認爲，北斗具有預告勝敗的神秘能力。

　　然而，在陰陽流兵學中的北斗也並沒有能夠掌管日月運行之地
位。〈天子建州〉第五章的北斗之性格還是展現其特異性。如第五章
將北斗視爲掌管日月運行的人格神之思想，到底從何種思想發展這
一點不得而知。根據小澤賢二先生的最新研究，在東周惠王 15 年，

即公元前 662 年春分之日，從地上觀察到簡直是北斗控制太陽、月亮以及二十八宿的特異天文現象。[9]

此年的春分之日，在太陽沒於正西方之一小時後，月齡十五日之滿月從正東方向昇出來，並且連接於角宿最後尾部分，看起來月亮簡直像屬於二十八宿的狀態。爾後，以北斗爲循環之中心，二十八宿剛好花二十四小時左回天界一周，太陽從正東方向昇起，而滿月則沈於正西方。

以上是小澤先生所描寫的公元前 662 年春分之日在周都·洛陽的地上所觀察到的目擊稀奇的天文現象。小澤先生指出，在當時的民眾的眼裡簡直是北斗控制太陽、月亮、以及二十八宿的運行。不但如此，此現象發生後每隔十九年的春分之日，即公元前 643 年、前 624 年、以及前 605 年連續發生三次，而此天文現象帶給當時的人非常大的衝擊，而開始認爲不只太陽指示時刻和方位的「辰」，北斗也是「辰」，而成爲北斗也開始稱爲「北辰」的契機。若我們理解當時出現了那麼衝擊人心的天文現象之事實，我們可以想像這樣的歷史事件促成了將北斗視爲掌管日月運行的人格神的思想之形成。

儘管如此，我們仍然碰到一個問題。在〈天子建州〉中以北斗和日月之關係爲主題的第五章爲何存在呢？爲了思考此問題，我們需要探討的是，在訴說「禮」的論述中也包含與天文相關的文獻記載，我們來看《大戴禮記·曾子天圓》即說：

---

[9] 請參見小澤賢二：〈春秋の曆法と戰國の曆法——『競建內之』に見られる日食表現とその史的背景II·3——春秋時代における東周の曆法と「北斗七星」および「二十八宿」について〉，收入於《中國研究集刊》（別冊「戰國楚簡研究 2007」）第 45 號，2007 年。

曾子曰：「天之所生上首，地之所生下首。上首之謂員，下首之謂方。如誠天圓而地方，則是四角之不揜也。且來，吾語汝。參嘗聞之夫子曰：天道曰圓，地道曰方，方曰幽而圓曰明。明者，吐氣者也，是故外景；幽者，含氣者也，是故內景。故火日外景，而金水內景。吐氣者施，而含氣者化，是以陽施而陰化也。陽之精氣曰神，陰之精氣曰靈。神靈者，品物之本也，而禮樂仁義之祖也，而善否治亂所由興作也。陰陽之氣各靜其所，則靜矣，偏則風，俱則靁，交則電，亂則霧，和則雨。陽氣勝則散為雨露，陰氣勝則凝為霜雪。陽之專氣為雹，陰之專氣為霰，霰雹者，一氣之化也。……中略……是故聖人為天地主，為山川主，為鬼神主，為宗廟主。聖人慎守日月之數，以察星辰之行，以序四時之順逆，謂之曆；截十二管，以宗八音之上下清濁，謂之律也。律居陰而治陽，曆居陽而治陰，律曆迭相治也，其間不容髮。聖人立五禮以為民望，制五衰以別親疏，和五聲之樂以導民氣，合五味之調以察民情，正五色之位，成五穀之名。序五牲之先後貴賤。」

〈曾子天圓〉將以天道為源的陽精氣（神）視為「禮義」、「仁義」、「善否」、「治亂」所發生之原因。這就代表將「天道」當作「禮」的根據之思維。〈曾子天圓〉也主張：「**守日月之數，以察星辰之行，以序四時之順逆**」，而在這裡觀測天文和氣象而制定曆法之事業，和由管樂器定音律之事業、以及制定禮法而序列親疏、貴賤之差等的三種事業相並列。

　　若我們考慮到這樣的思想之並列存在，在〈天子建州〉中存在著以北斗和日月之間的關係為主題的第五章之事實，成為不足為

奇。在此天文、曆法、以及禮法均被視爲將世界進行秩序化的方法。

接著我們來看《大戴禮記・禮三本》的內容。曾錦炎先生認爲此篇的內容是與〈天子建州〉的思想息息相關的。其曰：

> 禮有三本：天地者，性之本也；先祖者，類之本也；君師者，治之本也。無天地焉生？無先祖焉出？無君師焉治？三者偏亡，無安之人。故禮，上事天，下事地，宗事先祖而寵君師，是禮之三本也。王者天太祖，諸侯不敢懷，大夫士有常宗，所以別貴始，德之本也。郊止天子，社止諸侯，道及士大夫，所以別尊卑，尊者事尊，卑者事卑，宜鉅者鉅，宜小者小也。故有天下者事七世，有國者事五世，有五乘之地者事三世，有三乘之地者事二世，待年而食者不得立宗廟，所以別積厚者流澤光，積薄者流澤卑亦如之。大饗尚玄尊，俎生魚，先大羹，貴飲食之本也。大饗尚玄尊而用酒，食先黍稷而飯稻粱，祭嚌大羹而飽乎庶羞，貴本而親用。貴本之謂文，親用之謂理，兩者合而成文，以歸太一，夫是謂大隆。故尊之尚玄酒也，俎之生魚也，豆之先大羹也，利省之不卒也，成事之俎不嘗也，三侑之不食也，一也。大昏之未發齊也，廟之未納尸也，始卒之未小斂，也，大路車之素幬也，郊之麻冕也，喪服之先散帶，一也。三年之哭不反也，《清廟》之歌、一倡而三歎也，縣一罄而尚拊搏，朱弦而通越，一也。　凡禮，始於脫，成於文，終於隆。故至備，情文俱盡；其次，情文佚興；其下，復情以歸太一。天地以合，四時以洽，日月以明，星辰以行，江河以流，萬物以倡，好惡以節，喜怒以當。以為下則順，以為上則明，萬變不亂，貸之則喪。

此篇從開頭到「所以別積厚者流澤光、積薄者流澤卑亦如此」一句的前半部分,從內容來說,主張將「天子—諸侯—大夫、士」的身分差等與禮的等級相對應之論點,與從「大饗尚玄尊」一句到「其下,復情以歸太一」的後半部分,從內容來看,試圖在禮的細部中努力看出文飾發達之前的禮之原初的心情之論點的兩個部分。另外還有最後被加上的稱讚禮之偉大效用的結論部分。這是《大戴禮記·禮三本》的論述結構。[10]

在前半部分包含,與〈天子建州〉幾乎同樣內容的「故有天下者事七世,有國者事五世,有五乘之地者事三世,有三乘之地者事二世,待年而食者不得立宗廟」之一段。因為是這個原因,曾錦炎先生才指出兩者之間的密切關係。

就其與〈天子建州〉第五章的的關聯而言,值得注意的是,在《大戴禮記·禮三本》的結語部分有「天地以合,四海以洽,日月以明,星辰以行,江河以流,萬物以倡」一段的事實。在這裡,「禮」是不只於順利經營人類社會的標準,而且也統攝天地、四時、日月、星辰、江河、萬物等整個宇宙之原理。到此「禮」被提升於掌管日月、星辰等天體的至高存在。

若我們將這樣「禮」與天體合為一體的思維考慮在內,以「禮」為其主題的〈天子建州〉包含著論及北斗、日月的第五章,一點也不足為奇。作者恐怕認為,就像在地上的人類社會中以天子為禮的中心之秩序,在天界也有以北斗為中心的秩序;而由於如此聯想,作者將其第五章放在〈天子建州〉中。再者,將天子的統治對應於時節的推移的所謂「時令」之想法,也應該成為使禮法與天文相結合的思想因素。

---

[10] 與此《大戴禮記·禮三本》幾乎相同的文句也見於《荀子·禮論》。

　　原先〈天子建州〉應該並不是基於一定的著作意圖而著述的論文，而是蒐集與「禮」相關的斷句湊成的雜編。雖然儒家編輯〈天子建州〉的可能性比較高，但其編者是從何種文獻抽出作為此篇的原料呢？正如《國語・周語上》中對「瞽史教誨」一句韋昭注曰：「掌陰陽天時禮法之書，以相教誨者。」管理禮法與天文、曆法，而同時訓誡天子等職務，是由直屬周王室的瞽史來擔任。〈天子建州〉中像第六章和第七章，包含若非自身居於周王室的中樞而難以知道的細緻禮節之記載。由是觀之，此篇的編者獲得周王室瞽史記錄，而從此文獻抽出〈天子建州〉的文字。

　　若是如此，這意味著，原先提供原材料的「瞽史之紀」（《國語・晉語四》）中與禮法和天文、曆法兩者相關記述已經並存。如上所述的將禮與天體相結合的儒家思維，若從其淵源來看，基於「瞽史之紀」之類的記述。[11] 由於如此狀況，對於〈天子建州〉的編者而言，在以「禮」中心的文獻中還包含著有關天文的記載，一點也不足為奇，因此並不覺得有特別提出說明的必要。

　　不但如此，此篇的編集狀況也相當雜亂，在其架構上看不出一貫的整合性，也無法說明章和章之間前後缺乏推論上連繫之理由，更令人形成雜亂的印象。第四章和第五章存在令人感到奇特的印象，也應該是由這樣的文獻形成所致。

---

　　[11] 關於此點之仔細內容，請參見拙著：《黃老道の成立と展開》的第一部第十二章「瞽史の官と古代天道思想」。

監譯者跋

（一）

本書是淺野裕一教授於萬卷樓「出土文獻譯注研析叢書」中推出的第二部中譯著作，也是本系列中我所負責監譯的第四本日本學者對中國古代出土文獻之研究成果。事實上，淺野裕一教授的第一本中譯書：《戰國楚簡研究》就是本叢書「日本研究系列」的開山之作。回顧從二〇〇四年出版第一本譯作迄今，中國哲學、思想研究領域，圍繞著國際漢學界與日本學界之間的互動已經發生不少變化。

回溯到二〇〇四年，當我著手監譯淺野教授的第一本《戰國楚簡研究》之際，以中國、台灣以及歐美爲「三極」的國際漢學領域裡似乎彌漫著很難與日本學者進行學術溝通的印象。在我看來，其主要原因可歸納爲三點：（1）日本學者的語言表達能力不夠；（2）日本學者在國際學術交流的舞台上似較被動，看起來不太願意進行交流；以及（3）在戰國楚簡的年代推斷上，日本學者的「主流」見解似乎離國際漢學界的共識太遠。回想起來，雖然當時日本有兩大學會：創立已有五十九年之「日本中國學會」、以及專門推動以出土資料爲中心且跨越學門之研究，以及學者間交流的「中國出土資料學會」中，還有一些學者繼續發表有關楚簡思想之研究。然而，在郭店楚簡公布後的五、六年之間，大陸、台灣以及美國學者所共同推動的各種學術會議中，卻幾乎看不到來參加的日本學者身影。更何況，日本人用中文發表的有關此題目的論考也幾乎等於零的狀

態。從日本國內的狀況來看，當時絕大多數中國傳統思想與文獻之
研究者的確處於不知如何與國際學界打交道的狀況。由淺野教授所
領隊的「戰國楚簡研究會」也是這樣的「臥虎藏龍」之一。本系列
的開始即是以這樣的狀況爲背景，而淺野教授在此系列出版《戰國
楚簡研究》一書，在讓相關領域之日本學者放眼界於國際漢學的任
務上，可說是立下一座里程碑。

（二）

　　當時，我在監譯淺野教授的《戰國楚簡研究》之際，於書跋提
及在不遠的將來日本古代中國思想研究產生所謂「典範轉換」
（paradigm shift）之可能性，而很諷刺地，淺野教授對前輩日本學
者的傳統觀點之猛烈批評與筆者將此過程爲「典範轉換」之可能性
的說法，便引起了部分不肯面對現狀改變的日本學者的小動作。有
一位學者急著要批評淺野教授跟我，犯了自己還沒有讀 Thomas
Kuhn（1922-1996）的《科學革命之結構》[1]一書就批評我用「典範」
一詞之愚。我實在不需要針對這樣不符學術標準之小動作一一反
駁，然今日可以宣稱：過去五年的情況反而證實此「典範轉換」確
實一步一步進行著。[2] 現在日本中國哲學、思想研究環境上所發生
的變化，不只是學說上的更迭，而是在整個研究方式上發生的轉變。
　　首先，在這幾年，越來越多的日本年輕學者渴求於海外發表之

---

[1]　Thomas Kuhn: *The Structure of Scientific Revolutions,* Chicago: University
of Chicago Press, 1962.
[2]　事實上，日本的中國哲學、思想研究者近二十年內一直急乎肩負向外說
明此研究領域之存在意義之職責。結果，日本各大學中相關領域的教師總數，
與社會大眾對此領域之興趣一起大幅降低，而此領域的前輩學者對此危機卻都
袖手旁觀、束手無策，反而累積了許多爲何自己不行動的藉口。若此狀況再繼
續下去，不出二十年，此研究領域將於日本消失。

機會。我相信，中文學界的朋友這幾年在台灣、中國召開的楚簡研究相關研討會中開始多發現到日本學者的身影。事實上，儘管大部分日本年輕學者的中文都還不太流暢，但他們都細心準備中文的宣讀論文，在口頭報告之後還更加踴躍地投稿。[3] 日本的中國思想研究者向國外的學術期刊自行投稿之情形，在五年前是無法想像的。

再舉另一個例子。在我主持「戰國楚簡文哲研讀會」（2007 年 8 月～2008 年 7 月）這一年內的研讀活動裡，共有十位日本學者擔任報告人（也包含與大陸廣州中山大學合辦的研讀活動；只算台灣內的話，則有七位），此數字比同時間日本國內舉行過的任何研討會上楚簡論文發表人的人數還要多。因為在日本國內所謂的「學會」在中國古代哲學、思想研究之交流平台功能幾乎陷於麻痺狀態，尤其隸屬不同學校、不同老師的學生之間幾乎無法進行交流。在這樣的情況下，台灣學界所推行的各種研究計畫、研讀會以及國際學術研討會，對於日本學者而言，除了國際交流的機會之外，實際上還提供日本學者彼此之間的交流機會。而且在日本中國古典領域的年輕學者們就業極為困難的情況之下，透過台灣學界提供給國外學人的各種「留台獎學金」、「訪問‧客座研究」、「博士後研究」等機會發展之日本研究生與年輕學者逐步增加，其中一部份人進而得以在台灣的大專任教。[4]

---

[3] 在過去三年內，在這樣的脈絡下刊登於台灣的學術期刊者有：佐野大介：〈東漢三思想家對孝的批判與《荀子》的 "孝" 觀念關係之研究〉，收於《漢學研究集刊》（國立雲林科技大學漢學資料整理研究所，第 2 期，2006 年）；上野洋子：〈上博楚簡〈詩論〉中的「民性固然」與實踐禮儀之「性」〉，收於《經學研究集刊》（國立高雄師範大學經學研究所，第 4 期，2008 年 6 月）。

[4] 關於此情形之介紹，請參見〈日本青年漢學家在臺灣〉，收於《國文天地》（第 273 集，2008 年 2 月），頁 1-49。

　　還有值得一提的是，這些立足台灣的日本年輕學者之存在便進一步促使了原本沒想過與海外學界進行學術交流的「中堅」（大體四十歲到五十出頭的）學者出國參加國際會議之情形。本系列中的第二本《中國出土古文獻與戰國文字之研究》（佐藤將之、王綉雯合譯，2005 年 11 月）的福田哲之教授、以及第三本《戰國楚簡與秦簡之思想史研究》（佐藤將之監譯，2006 年 6 月）的湯淺邦弘教授兩位就是這樣向國際漢學「出道」之中堅世代的學者。

　　在過去五年所進行的年輕學者和中堅學者向國際漢學界之推展，除了如上所述的進行學術發表的管道與形式之外，也必然地影響其學術見解。尤其是在出土文獻之釋讀過程中，不參考中國學者所提供的楚簡併聯、以及由文字學和音韻學的基礎提出之釋讀成果，是不可能的事。由於戰國時代同時資料之楚簡出現使得日本學界長期以來累積起來的「拉晚某些文獻思想之成立時期」的中國古代思想史發展模式已無法再成立，日本的中國思想史學者，勢必要與國外學界互動重新構畫中國古代思想之脈絡。在此意義上，與國際漢學互動的新研究與發表模式過程當中所產出的八篇論文集結成本書，亦是日本學者重建新中國古代思想史研究典範之嘗試之一。也就是說，從出版第一本中文專書以來，與國際漢學互動並將自己的中國思想史的方法與內容不斷進化的實踐者，就是淺野裕一教授本人。

　　我們若由寫作、出版的方式來看淺野教授的「轉型」，前作《戰國楚簡研究》所收錄的論文發表方式大致上為：淺野教授先在日本發表，然後翻譯成中文並在台灣或大陸發表，或者直接收錄於書中。相反地，本書所收的全部論文都是在日本發表之前，先在台灣、或大陸的研討會上宣讀，然後「翻譯」提供給日本的期刊、或論文集

發表。也就是說，本書所收錄的論文之撰作、宣讀、投稿、以及出版的全部過程，從最初就是在與國際漢學互動下進行的。

　　再從內容來看。與前書的作風相比，本書中的淺野教授在自己行論中多依據中國、台灣學者在武漢大學「簡帛網」等平台所發表的「併聯」、「文字隸定」、以及「釋讀」方面之成果。比較例外的是第一章中淺野教授將「𥄂」（詻）字釋讀爲「察」這一點。[5] 不過，如「追記二」所述，淺野教授後來撤回了其釋讀。畢竟，日本的古代中國思想研究，也因爲不能不考慮楚簡文獻的思想，已進入非與國外學者分工不可的階段。在本書之中，也可觀察到淺野教授與國際漢學界的楚簡研究如何進行有效率分工的種種功夫。此乃我在淺野教授這五年的嘗試中看出日本中國古代思想研究之「研究典範轉換」之緣由也。

　　那麼，淺野教授所下的功夫最顯著的是在哪裡呢？筆者認爲，就是淺野教授以他卓越的分析與描述能力所構畫的「中國古代思想之世界」這部分。譬如，在第二章，原本也是古今東西軍事問題專家（他有一個假日樂趣是做戰鬥機的模型）的淺野教授，以〈曹沫之陳〉一篇文章爲切入點，非常生動地闡述了春秋到戰國時代戰爭型態之變化，他對戰爭的分析與描述不止於制度與事實上的事實，而亦涉及於這些軍事制度運作上之心理因素、軍事思想運用上的特色等等。身爲中國思想之專家，非常有說服力地論述了從春秋時代到戰國時代的軍事思想之演變。在第六章，淺野教授針對〈姑成家

---

　　[5] 我記得淺野教授此見解是 2005 年 3 月在台灣大學哲學系舉辦的研討會中提出的。他的口頭報告結束之後，在場的幾位楚簡專家向淺野教授的解釋提出了疑問，但淺野教授未接受這些異見，並且於此文的日文版出版之際，向東北大學的同事、中國音韻學的專家花登正宏教授請教並強化其論說。

父〉一篇中特別注意「百豫」一詞，並以周鳳五教授的隸定為切入點，將之解釋為「由白狄人編制的近衛部隊」，進而闡述在晉狄關係中的晉國有力世族的興亡之一段歷史。如此，由於淺野教授之詮釋與復原，我們得悉圍繞著一篇文獻背後存在的非常豐富的歷史思想世界。我可以斷言，目前日本的中國思想專家中，沒有像淺野教授如此能讓資料講故事的學者。也許可以如此宣稱，淺野教授對此方面的天分可與近年去世的中國思想史家：史華茲（Benjamin Schwartz，1916-1999）相提並論。

（三）

　　如上所述，本書所錄論文的大部分是在台灣或大陸的國際學術研討會發表，並且同時（或後來）收入日本的學術期刊、或論文集的。下父便列出各活動的名稱、場所以及時間，以期提供中文學者參考之便。

　　第一章的初稿發表於台灣大學哲學系、中央研究院中國文哲研究所、輔仁大學文學院、東吳大學哲學系共同主辦：「新出土文獻與先秦思想重構國際學術研討會」（於台灣大學哲學系，2005 年 3 月 25、26 日）宣讀，在日本以〈上博楚簡〈相邦之道〉の全體構成〉的題目收入於《中國學の十字路》（加地伸行教授古稀紀念論文集，東京：研文出版，2006 年 4 月）一書中。

　　第二章的初稿發表於「簡帛研究」網站（武漢：武漢大學簡帛研究中心〔http://www.jianbo.org/admin3/2005/qianyeyuyi001.htm〕，2006 年 2 月 19 日。）在日本以〈上博楚簡『曹沫之陳』の兵學思想〉題目，刊登於《中國研究集刊》（第 38 號，2005 年 12 月）。

　　第三章的初稿發表於國立雲林科技大學漢學資料整理研究所主辦：「漢學研究國際學術研討會」（於國立雲林科技大學漢學資料整理研究所，2006 年 10 月 27、28 日）；也發表於武漢大學簡帛研究中心、台灣大學中文系、芝加哥大學顧立雅中國古文字學中心共辦：「中國簡帛學國際論壇 2006」（於武漢大學 2006 年 11 月 8 日～10 日）。在日本以〈上博楚簡『君子爲禮』と孔子素王說〉的題目刊登於《中國研究集刊》（第 41 號，2006 年 12 月）。

　　第四章的初稿發表於武漢大學主辦：「新出楚簡國際學術研討會」（於武漢大學，2006 年 6 月 26 日～28 日）。在日本以〈上博楚簡『鬼神之明』と『墨子』明鬼論〉的題目刊登於《中國研究集刊》（第 41 號，2006 年 12 月）。

　　第五章的初稿發表於台灣大學、東華大學共同主辦：「簡帛研讀會與出土文獻傳世典籍詮釋論壇」（於東華大學中文系，2006 年 10 月 29 日。在日本以〈〈鮑叔牙與隰朋之諫〉の災異思想〉之題目收入於《上博楚簡研究》（東京：汲古書院，2007 年 5 月）。

　　第六章的初稿發表於中國廣州中山大學歷史學系、戰國楚簡文哲資料研讀會共同主辦：「簡帛文獻與思想史研究讀書班」（於中國廣州中山大學歷史系，2008 年 1 月 12 日），在日本以〈〈姑成家父〉における「百豫」〉的題目收入於《竹簡が語る古代中國思想》（東京：汲古書院，2008 年 9 月）中。

　　第七章的初稿發表於台灣大學哲學系主辦：「戰國楚簡文哲資料研讀會」，第三次研讀會（於台灣大學哲學系，2007 年 11 月 9 日）；以及於華梵大學哲學系主辦：「第十一屆儒佛會通暨文化哲學學術研討會『東西政治哲學的交談』」（於華梵大學哲學系，2008 年 3 月 28、29 日）。在日本以〈〈景公瘧〉における爲政と祭祀呪術〉的題目刊

登於《中國研究集刊》（第 45 號，2007 年 12 月）。

　　第八章的初稿發表於武漢大學簡帛研究中心、台灣大學中文系、芝加哥大學顧立雅中國古文字學中心共同主辦：「中國簡帛學國際論壇 2007」（於台灣大學中文系，2007 年 11 月 11 日）。在日本以〈〈天子建州〉における北斗と日月〉的題目刊登於《中國研究集刊》（第 45 號，2007 年 12 月）。

　　本書各章的翻譯初稿由以下諸位擔任：

第一章　王繡雯（日本京都大學法學院博士候選人）
第二章　安井伸介（國立台灣大學政治學研究所博士候選人）
第三章　藤井倫明（國立台灣師範大學國際漢學研究所助理教授）
第四章　刁小龍（中國人民大學國學院講師）
第五章　刁小龍（中國人民大學國學院講師）
第六章　關村博道（日本北海道大學文學院博士生）
第七章　關村博道（日本北海道大學文學院博士生）
第八章　監譯者自譯

理所當然的，監譯者對全部的翻譯稿之每一個字進行了修改與潤飾，因而在此翻譯中若有任何問題，此責任應歸於監譯者本人。

　　此次編輯過程由於本研究室之「編輯師傅」林嘉財君因要趕他的碩士論文而無法整體負責，但將他的專業技術傳給了北海道大學博士生關村博道君，並且幾次提供給他所需要的幫助。如此，林君成了名正言順的本系列的「編輯師傅」了！當然，在實際作業上，關村博道君無外是此次本書編輯之最大功臣。

　　我們要感謝中央大學中文系朱湘鈺教授、台大哲學研究所博士

生蔡妙坤君、以及高雄師範大學經學研究所碩士生林則堯君所提供之幫助，也感謝工藤卓司博士和曾書嫻碩士之細心校對。最後，我們也向最大力推動本書出版之萬卷樓圖書公司梁錦興總經理對於振興台灣文化事業，以及台灣、日本學術交流之熱心，表示最高的敬意暨由衷的謝忱。

2008 年 8 月 20 日

佐藤將之　謹識

人名索引

古籍、參考著作索引

淺野裕一著作目錄

【專書】

1）《中國の古典　孫子》東京：講談社，1986 年 11 月，全 289 頁。

2）《觀賞　中國の古典　孟子・墨子》（與島森哲男共著）東京：角川書店，全 434 頁，墨子部分，1989 年 9 月，183～378 頁。

3）《黃老道の成立と展開》東京：創文社，1992 年 11 月，全 709 頁。

4）《孫子を讀む》東京：講談社現代新書，1993 年 9 月，全 226 頁。

5）《孔子神話──宗教としての儒教の形成》東京：岩波書店，1997 年 2 月，全 362 頁。

6）《孫子》東京：講談社學術文庫，1997 年 6 月，全 316 頁。

7）《墨子》東京：講談社學術文庫，1998 年 3 月，全 302 頁。

8）《儒教：ルサンチマンの宗教》東京：平凡社新書，1999 年 5 月，全 285 頁。

9）《諸子百家》東京：講談社，2000 年 4 月，全 258 頁。

10）《古代中國の言語哲學》東京：岩波書店，2003 年 8 月，全 360 頁。

11）《諸子百家〈再發見〉》（與湯淺邦弘共編）東京：岩波書店，2004 年 8 月，全 244 頁。

12）《諸子百家》東京：講談社學術文庫，2004 年 11 月，全 254 頁。

13）《戰國楚簡研究》台北：萬卷樓，2004 年 12 月，全 221 頁。

14)《古代中國の文明觀——儒家・墨家・道家の論爭》東京：岩波新書，2005 年 4 月，全 200 頁。

15)《竹簡が語る古代中國思想——上博楚簡研究》（編著）東京：汲古書院，2005 年 4 月，全 265 頁。

16)《古代思想史と郭店楚簡》（編著）東京：汲古書院，2005 年 11 月，全 386 頁。

17)《古代中國の宇宙論》東京：岩波書店，2006 年 9 月，全 254 頁。

18)《圖解雜學　諸子百家》東京：ナツメ社，2007 年 5 月，全 279 頁。

19)《공자신화（孔子神話）》首爾：大學社，2008 年，全 610 頁。

20)《竹簡が語る古代中國思想（二）——上博楚簡研究》（編著）東京：汲古書院，2008 年 9 月，全 339 頁。

【論文】

1)〈『莊子』內篇の死生觀に對する私見〉，《集刊東洋學》第 28 號（中國文史哲研究會），1972 年 10 月，131～138 頁。

2)〈墨家思想の體系的理解（一）——兼愛論について——〉，《集刊東洋學》第 32 號，1974 年 10 月，101～122 頁。

3)〈墨家思想の體系的理解（二）——非攻論について——〉，《集刊東洋學》第 33 號，1975 年 6 月，17～43 頁。

4)〈政治思想としての鄒衍學說〉，《文化》第 38 卷 1、2 號（東北大學文學會），1975 年 3 月，67～96 頁。

5)〈『墨子』尙賢論の特性について〉，《國學院雜誌》第 77 卷第 6 號，1976 年 6 月，44～54 頁。

6）〈『墨子』尙同論の構造──天子專制理論との對比──〉,《文化》第 40 卷 1、2 號,1976 年 9 月,49～63 頁。

7）〈惠施像の再構成──辯者と魏相との接點──〉,《日本中國學會報》第 28 集,1976 年 10 月,16～30 頁。

8）〈『公孫龍子』指物篇の立場──その認識論の性格──〉,《集刊東洋學》第 37 號,1977 年 9 月,1～23 頁。

9）〈堅白石──公孫龍に於ける對象認識の樣相──〉,《島根大學教育學部紀要》第 11 卷,1977 年 12 月,1～18 頁。

10）〈白馬と馬の間──『公孫龍子』白馬論の意味──〉,《島根大學教育學部紀要》第 12 卷,1978 年 12 月,1～32 頁。

11）〈荀況に於ける約名の論理〉,《集刊東洋學》第 41 號,1979 年 6 月,1～14 頁。

12）〈『甲陽軍鑑』の兵學思想──上方兵學との對比──〉,《島大國文》第 8 號（島根大學國文學會）,1979 年 7 月,34～57 頁。

13）〈十三篇『孫子』の成立事情〉,《島根大學教育學部紀要》第 13 卷,1979 年 12 月,1～40 頁。

14）〈道家思想の起源と系譜（上）──黃老道の成立を中心として──〉,《島根大學教育學部紀要》第 14 卷,1980 年 12 月,1～38 頁。

15）〈道家思想の起源と系譜(下)──黃老道の成立を中心として──〉,《島根大學教育學部紀要》第 15 卷,1981 年 12 月,61～106 頁。

16）〈『六韜』の兵學思想──天人相關と天人分離──〉,《島大國文》第 10 號,1981 年 12 月,135～149 頁。

17）〈墨家集團の質的變化──說話類の意味するもの──〉,《日本中國學會報》第 34 集,1982 年 10 月,17～30 頁。

18）〈『太平經』に於ける究極者〉,《東方宗教》第 60 號（日本道教學
　　會）,1982 年 10 月,1～22 頁。

19）〈道　法を生ず——道法思想の展開——〉,《島根大學教育學部紀
　　要》第 16 卷,1982 年 12 月,1～32 頁。

20）〈莊周寢言〉,金谷治編:《中國における人間性の探究》（東京:
　　創文社）,1983 年 2 月,47～61 頁。

21）〈古佚書『伊尹九主』の政治思想〉,《島大國文》第 12 號,1983
　　年 10 月,37～53 頁。

22）〈秦帝國の法治主義——皇帝と法術——〉,《島根大學教育學部紀
　　要》第 17 卷,1983 年 12 月,1～45 頁。

23）〈黃老道の政治思想——法術思想との對比——〉,《日本中國學會
　　報》第 36 集,1984 年 10 月,40～54 頁。

24）〈秦の皇帝觀と漢の皇帝觀——「秦漢帝國論」批判——〉,《島根
　　大學教育學部紀要》第 18 卷,1984 年 12 月,51～96 頁。

25）〈鬼哭——古代中國の文字意識——〉,《島大國文》第 14 號,1985
　　年 12 月,11～21 頁。

26）〈帛書「五行篇」の思想史的位置——儒家による天への接近——〉,
　　《島根大學教育學部紀要》第 19 卷,1985 年 12 月,1～55 頁。

27）〈普遍者たち——『公孫龍子』通變論の立場——〉,《島根大學教
　　育學部紀要》第 20 卷,1986 年 12 月,39～56 頁。

28）〈漢の帝國運營と黃老道（上）〉,《中國研究集刊》黃號（通號 4
　　號）,1987 年 4 月,6～16 頁。

29）〈『列子』と神仙・養生思想〉,坂出祥伸編:《中國古代養生思想
　　の總合的研究》（東京:平河出版社）,1988 年 2 月,198～243 頁。

30)〈公孫龍における正名──『公孫龍子』名實論の立場──〉,《東北大學教養部紀要》第 49 號,1988 年 12 月,67～87 頁。

31)〈受命なき聖人──『中庸』の意圖──〉,《集刊東洋學》第 61 號,1989 年 5 月,1～23 頁。

32)〈『呂氏春秋』と天人相關思想(上)──編集意圖探究の一環として──〉,《呂氏春秋研究》第 4 號(呂氏春秋研究會),1990 年 7 月,20～31 頁。

33)〈公孫龍後學──『公孫龍子』跡府篇の意圖──〉,《東北大學教養部紀要》第 54 號,1990 年 12 月,93～113 頁。

34)〈董仲舒・天人對策の再檢討──儒學の國教化をめぐって──〉,片野達郎編《正統と異端》(東京:角川書店),1991 年 2 月,251～271 頁。

35)〈太古の事は滅びたり──楊朱の反歷史主義──〉,渡部治雄編:《文化における時間意識》(東京:角川書店),1992 年 2 月,119～137 頁。

36)〈『尹文子』の文獻的性格〉,《集刊東洋學》第 67 號,1992 年 5 月,22～42 頁。

37)〈『尹文子』の形名思想〉,内藤幹治編:《中國的人生觀・世界觀》(東京:東方書店),1994 年 3 月,95～123 頁。

38)〈儒教の形成(Ⅰ)──カリスマとしての孔子──〉,《國際文化研究科論集》創刊號(東北大學國際文化研究科),1994 年 3 月,1～16 頁。

39)〈儒教の形成(Ⅱ)──孔子の野望と挫折──〉,《國際文化研究科論集》創刊號,1994 年 3 月,17～30 頁。

40)〈儒教の形成(Ⅲ)──孔子の聖人化──〉,《國際文化研究科論集》第 2 號,1994 年 12 月,1～22 頁。

41）〈儒教の形成（IV）——『春秋』と孔子素王説——〉，《國際文化研究科論集》第 2 號，1994 年 12 月，23～42 頁。

42）〈儒教の形成（V）——緯書による孔子の神秘化——〉，《國際文化研究科論集》第 3 號，1995 年 12 月，1～25 頁。

43）〈儒教の形成（VI）——『孝經』の著作意圖——〉，《國際文化研究科論集》第 3 號，1995 年 12 月，27～55 頁。

44）〈儒教の形成（VII）——王者への道——〉，《國際文化研究》第 2 號，1995 年 12 月，1～15 頁。

45）〈儒教の形成（VIII）——王號の獲得——〉，《島大國文》第 25 號，田中塋一先生退官記念號，1997 年 2 月，75～92 頁。

46）〈儒教の形成（IX）——王號の剝奪——〉，《國語教育論叢》第 6 號，田中塋一先生退官記念號，1997 年 3 月，135～154 頁。

47）〈儒教の形成（X）——康有爲『孔子改制考』の儒教神學（1）——〉，《國際文化研究科論集》第 4 號，1996 年 12 月，1～16 頁。

48）〈儒教の形成（XI）——康有爲『孔子改制考』の儒教神學（2）——〉，《國際文化研究科論集》第 4 號，1996 年 12 月，17～35 頁。

49）〈公孫龍の思想——時代との關わり——〉，《日本中國學會創立五十年記念論文集》（東京：汲古書院），1998 年 10 月，25～38 頁。

50）〈郭店楚簡『窮達以時』の「天人之分」について〉，《集刊東洋學》第 83 號，2000 年 5 月，21～37 頁。

51）〈郭店楚簡『太一生水』と『老子』の道〉，《中國研究集刊》26 號，2000 年 6 月，1～12 頁。

52）〈郭店楚簡『緇衣』の思想史的意義〉，《集刊東洋學》第 83 號，2001 年 11 月，1～20 頁。

53）〈郭店楚簡『唐虞之道』の著作意圖——禪讓と血緣相續をめぐって——〉,《大久保隆郎教授退官記念論集　漢意とは何か》(東京：東方書店),2001 年 12 月,3～23 頁。

54）〈『春秋』の成立時期——平勢說の再檢討——〉,《中國研究集刊》第 29 號,2001 年 12 月,1～37 頁。

55）〈戰國楚簡『周易』について〉,《中國研究集刊》第 29 號,2001 年 12 月,38～46 頁。

56）〈戰國楚簡と古代中國思想史の再檢討〉,《中國出土資料研究》第 6 號,2002 年 3 月,9～17 頁。

57）〈『五行篇』の成立事情——郭店寫本と馬王堆寫本の比較——〉,《中國出土資料研究》第 7 號,2003 年 3 月,1～24 頁。

58）〈上博楚簡《容成氏》中的禪讓與放伐〉,《清華學報》(新竹：清華大學) 新 33 卷第 2 期,2004 年 12 月,377～397 頁。

59）〈上博楚簡『容成氏』における禪讓と放伐〉,《中國研究集刊》第 36 號,2004 年 12 月,55～74 頁。

60）〈上博楚簡『魯邦大旱』の刑德論〉,《中國研究集刊》第 36 號,2004 年 12 月,1～14 頁。

61）〈上博楚簡『恆先』の道家的特色〉,《早稻田大學長江流域文化研究所年報》第 3 號,2005 年 1 月,156～186 頁。

62）〈上博楚簡『魯邦大旱』における「名」〉,《國語教育論叢》(木村東吉先生退官記念號) 第 14 號,2005 年 3 月,105～116 頁。

63）〈上博楚簡《恆先》的道家特色〉,《清華大學學報》(北京：清華大學) 社科版 2005 年第 3 期,2005 年 6 月,58～71 頁。

64）〈黃帝書〈十六經〉的宇宙生成論〉,《出土文獻研究方法論初集》
　　（東亞文明研究叢書 55，台北：國立台灣大學出版部）,2005 年 9
　　月,233〜264 頁。

65）〈上博楚簡『曹沫之陳』の兵學思想〉,《中國研究集刊》（別冊「戰
　　國楚簡研究 2005」）第 38 號,2005 年 12 月,160〜195 頁。

66）〈新出土資料と諸子百家研究〉,《中國研究集刊》（別冊「戰國楚
　　簡研究 2005」）第 38 號,2005 年 12 月,65〜114 頁。

67）〈黃帝書『十六經』の宇宙生成論〉,《中國研究集刊》第 39 號,
　　2005 年 12 月,40〜63 頁。

68）〈上博楚簡《相邦之道》的整體結構〉,《清華學報》（新竹：清華
　　大學）新 35 卷第 2 期,2005 年 12 月,283〜294 頁。

69）〈上天・上帝信仰と砂漠の一神教〉,《中國研究集刊》第 40 號,
　　2006 年 6 月,1〜34 頁。

70）〈上博楚簡『相邦之道』の全體構成〉,《中國學の十字路：加地伸
　　行博士古稀記念論集》,東京：研文出版,2006 年 4 月,29〜42 頁。

71）〈上博楚簡《君子爲禮》與孔子素王說〉,《中國簡帛國際論壇 2006
　　論文集》,2006 年 11 月,294〜303 頁。

72）〈上博楚簡『鬼神之明』と『墨子』明鬼論〉,《中國研究集刊》（別
　　冊「戰國楚簡研究 2006」）第 41 號,2006 年 12 月,37〜55 頁。

73）〈上博楚簡『君子爲禮』と孔子素王說〉,《中國研究集刊》（別冊
　　「戰國楚簡研究 2006」）第 41 號,2006 年 12 月,56〜75 頁。

74）〈『鮑叔牙與隰朋之諫』の災異思想〉,《上博楚簡研究》,東京：汲
　　古書院,2007 年 5 月,375〜401 頁。

75）〈上博楚簡《君子爲禮》與孔子素王說〉,《簡帛》（武漢：武漢大
　　學）第二輯,2007 年 11 月,285〜301 頁。

76）〈上博楚簡『景公瘧』における爲政と祭祀呪術〉，《中國研究集刊》
　　（別冊「戰國楚簡研究 2007」）第 45 號，2007 年 12 月，1～26 頁。

77）〈上博楚簡『天子建州』における北斗と日月〉，《中國研究集刊》
　　（別冊「戰國楚簡研究 2007」）第 45 號，2007 年 12 月，27～43 頁。

78）〈上博楚簡『姑成家父』における百豫〉《竹簡が語る古代中國思想
　　（二）－上博楚簡研究》，東京：汲古書院，2008 年 9 月，3～45 頁。

79）〈上博楚簡『柬大王泊旱』の災異思想〉，《集刊東洋學》第 100 號，
　　2008 年 11 月（即將出版），1～20 頁。

【書評】

1）〈加地伸行著『中國論理學史研究――經學の基礎的研究――』〉，《集
　　刊東洋學》第 51 號，1984 年 5 月，123～133 頁。

2）〈日原利國著『漢代思想の研究』〉，《集刊東洋學》第 57 號，1987
　　年 5 月，130～141 頁。

3）〈福永光司著『道教思想史研究』〉，《東洋史研究》第 47 卷第 2 號
　　（京都大學東洋史研究會），1989 年 9 月，125～134 頁。

4）〈板野長八著『儒教成立史の研究』〉，《東洋史研究》第 55 卷第 1
　　號，1996 年 6 月，192～200 頁。

【其他】

1）《孫子索引》（與三浦吉明共編），東北大學中國哲學研究室刊，1971
　　年 11 月，全 170 頁。

2）日原利國編：《中國思想辭典》（東京：研文出版，1984 年 4 月）。
　　擔任「公孫龍」、「惠施」、「堅白同異」的部分。

3）加地伸行編:《孫子の世界》（東京：新人物往來社，1984 年 11 月），擔任「第二部　第一章　二人の孫子とその時代」，112～132 頁；以及「第四章（二）『孫子』をめぐる文獻問題」，238～248 頁。

4）〈先秦の知惠と笑い〉,《國語通信》第 4 號（東京：筑摩書房），1985 年 4 月，23～29 頁。

5）日原利國編:《中國思想史（上）》(東京：ぺりかん社，1987 年 3 月），擔任「公孫龍」部分，79～88 頁。

6）〈仙台の漢學〉,《新しい漢文教育》第 12 號（東京：硏文社），1991 年 5 月，85～90 頁。

7）〈司馬遷の人と思想〉,《しにか》（東京：大修館書店）第 6 卷第 4 號，1995 年 4 月，34～39 頁。

8）〈管子・申不害・慎到・商鞅・韓非子〉,《しにか》（東京：大修館書店）第 6 卷第 12 號，1995 年 12 月，64～75 頁。

9）〈宮城縣大和町產の後期中新世サイ上科臼齒化石〉,《地球科學》第 50 卷第 1 號，1996 年 1 月，66～69 頁。

10）〈孔子教團の誕生〉,《しにか》（東京：大修館書店）第 7 卷第 4 號，1996 年 4 月，10～18 頁。

11）〈中國における「氣」の概念〉,《日本語學》（東京：明治書院）第 15 卷第 7 號，1996 年 7 月，29～37 頁。

12）〈老莊思想の歷史〉,加地伸行編:《老莊思想を學ぶ人のために》(京都：世界思想社），1997 年 11 月，19～35 頁。

13）〈天〉,《しにか》（東京：大修館書店）第 8 卷第 12 號，1997 年 12 月，12～15 頁。

14）《岩波　哲學・思想事典》（東京：岩波書店，1998 年 3 月），擔任「道家思想」、「墨子」、「中國論理學」的部分。

15）〈亡靈は甦る―新出土資料と古代中國研究〉,《圖書》（東京：岩
　　波書店）第 610 號,2000 年 2 月,17〜21 頁。

16）〈武士道と儒教〉,《木這子》（東北大學附屬圖書館報）第 24 卷第
　　4 期,2000 年 3 月,7〜13 頁。

17）〈孫子兵法の神髓〉,週刊朝日百科《世界の文學》102 號,2001
　　年 7 月,044〜045 頁。

18）〈諸子百家は『論語』をどう讀んだか〉,《しにか》（東京：大修
　　館書店）第 12 卷第 2 號,2001 年 2 月,20〜25 頁。

19）〈諸子百家の時代〉,《しにか》（東京：大修館書店）第 13 卷第 12
　　號,2002 年 11 月,14〜17 頁。

20）〈墨子の思想〉,《しにか》（東京：大修館書店）第 13 卷第 12 號,
　　2002 年 11 月,34〜37 頁。

21）〈解說〉,小島祐馬、宇野哲人:《中國の古代哲學》（東京：講談
　　社學術文庫,2003 年 2 月）293〜299 頁。

22）〈孔子は『易』を學んだか？〉,《圖書》（東京：岩波書店）第 656
　　號,2003 年 12 月,26〜31 頁。

23）〈漢の色〉,《國文學 色の文藝史》（東京：學燈社）第 51 卷第 2
　　號,2006 年 2 月,50〜57 頁。

24）〈解說〉,岳南著、加藤優子譯:《孫子兵法發掘物語》（東京：岩
　　波書店,2006 年 8 月）291〜307 頁。

25）〈動物としての人間〉,《世界思想》（京都：世界思想社）第 34 號,
　　2007 年 4 月,52〜55 頁。

26）〈諸子百家とは何か〉,《漢文教室》（東京：大修館書店）第 193
　　卷,2007 年 5 月,1〜4 頁。

27）〈『孔子傳』の神託〉,《大航海》（東京：新書館）第 63 期，2007
　　年 7 月，139～145 頁。

28）〈殺し屋の弱點〉,フロイト全集月報 7,《フロイト全集 8》（東京：
　　岩波書店）2008 年 2 月，7～10 頁。

29）〈新出土資料から見た書籍の流通〉,《東アジアの出版と地域文化》,
　　（東京：汲古書院，2008 年 3 月）51～79 頁。

30）〈中國古代思想史の新展開〉（公開學術座談會記錄　長江流域出
　　土文字資料研究二十五年）,《アジア流域文化論研究》第 4 號，2008
　　年 3 月，166～174 頁。

國家圖書館出版品預行編目資料

上博楚簡與先秦思想／淺野裕一著；佐藤將之監譯.
--初版. --臺北市：萬卷樓, 2008.09
面；　　公分
含索引
ISBN 978－957－739－638－9 (平裝)

1. 簡牘學　2. 先秦哲學
796.8　　　　　　　　　　　　　97015993

上博楚簡與先秦思想

著　　　者：淺野裕一

監　　　譯：佐藤將之

發　行　人：陳滿銘

出　版　者：萬卷樓圖書股份有限公司

　　　　　　臺北市羅斯福路二段 41 號 6 樓之 3

　　　　　　電話(02)23216565・23952992

　　　　　　傳真(02)23944113

　　　　　　劃撥帳號 15624015

出版登記證：新聞局局版臺業字第 5655 號

網　　　址：http://www.wanjuan.com.tw

E-mail　　：wanjuan@tpts5.seed.net.tw

承印廠商：晟齊實業有限公司

定　　　價：240 元

出 版 日 期：2008 年 9 月初版